Renate Kock

Der Begriff des tâtonnement expérimental

im Werk Célestin Freinets

INHALT

1. Einleitung

> Wenn Lernen ein Geheimnis bleibt, ist es unmöglich, daß Lehren etwas anderes ist als eine Kunst. (Montmollin zit. n. Freinet. In: LTE, 41. Übers. R. K.)

Im Zentrum der Pädagogik Freinets steht das Lehren des Lernens. Alles Lehren und Lernen ist *tâtonnement expérimental:* experimentelles Tasten, das zugleich das Werden und Verhalten jedes Einzelnen, jeden wissenschaftlichen Fortschritt und die ganze menschliche Geschichte begründet.

Tâtonnement expérimental wird auf verschiedene Weise übersetzt und interpretiert: als *tastendes Versuchen* (Baillet, Boehncke/Hennig, Hagstedt, Jörg; Minuth); als *experimentelles Versuchen, Experimentieren* oder *freies Experimentieren* (Teigeler); als *experimentierendes Sich - Vorantasten* in Abgrenzung zur reinen Nachahmung oder Wiederholung (Dietrich in Anlehnung an Bertrand), d. h., in Abgrenzung zum Behaviorismus; als *tastendes Lernen* oder *tastendes Sich - heranarbeiten* (Jörg); als *entdeckendes Lernen* (Laun) bzw. *experimentierendes, entdeckendes, forschendes Lernen* in Anlehnung an die Untersuchungen Piagets (Schlemminger/den Bezug zu Piaget sehen ebenfalls Jörg und Heitkämper) oder als *forschendes Verhalten angesichts einer Fragestellung* (Baillet), als *Fragen, Forschen und Experimentieren* (Grunder).[1] Eine

---

[1] Vgl. Baillet, D.: Freinet praktisch. Beispiele und Berichte aus Grundschule und Sekundarstufe, Weinheim und Basel 1983, 20 f; Bertrand, M.: Dossier pédagogique de l´ Educateur 102/103/104/1975, 5 - 6 (Übers. I. D.). In: Dietrich, I. (Hrsg.): Handbuch Freinet - Pädagogik. Eine praxisbezogene Einführung, Weinheim und Basel 1995, hier: 221; Dietrich, I. : Freinet - Pädagogik heute. In: Dietrich, I. (Hrsg.): Handbuch Freinet - Pädagogik. Eine praxisbezogene Einführung, Weinheim und Basel 1995, 13 - 30, hier: 28; Grunder, H. - U.: Freinet - Pädagogik in der Schweiz. In: Hagstedt, H. (Hrsg.): Freinet - Pädagogik heute. Beiträge zum Internationalen Célestin - Freinet - Symposium in Kassel, Weinheim 1997, 117 - 133, hier: 129; Hagstedt, H.: Freinet - Pädagogik heute und morgen. In: Hagstedt, H. (Hrsg.): Freinet - Pädagogik heute. Beiträge zum Internationalen Célestin - Freinet - Symposium in Kassel, Weinheim 1997, 15 - 24, hier: 17; Heitkämper, P.: Experimentelles Tasten. Zur Aktualität der Pädagogik Freinets. In: Engagement. Zeitschrift für Erziehung und Schule 4/1995, 352 - 361, hier: 355; Jörg, H.: Célestin Freinet, die Bewegung *Moderne Schule* und das französische Schulwesen heute. In: Freinet, C.: Die moderne französische Schule, (MFS) Paderborn [2]1979, 143 - 257, hier: 163; Jörg, H.: Freinet - Pädagogik - ihre Ziele und ihre weltweite Verbreitung. In: Von Martial, I., Ludwig, H., Pühse, U. (Hrsg): Schulpädagogik heute. Probleme und Perspektive, Frankfurt 1994, 183 - 201, hier: 196; Laun, R.: Freinet 50 Jahre danach. Dokumente und Berichte aus drei französischen Grundschul- klassen. Beispiele einer produktiven Pädagogik, Heidelberg 1983; Minuth, C.: Freie Texte im Französischunterricht, Berlin 1996, 14; Schlemminger, G.: Freinet - Pädagogik - (auch) ein Ansatz für den Fremdsprachenunterricht? In: Fremdsprachen Lehren und Lernen, 25. Jahrgang/1996, 87 - 105, hier: 96; Teigeler, P.: Célestin Freinet.

besondere Interpretation bringt Hannoun mit der Wendung *tâtonnement pédagogique/* pädagogisches *Tasten*: eine forschende Haltung, permanentes Fragen des Kindes mit einer ihm eigenen Sprache.[2]

Hier wird *tâtonnement expérimental* mit *experimentellem Tasten* übersetzt. Auch Heitkämper verwendet in seinem Aufsatz "Experimentelles Tasten. Zur Aktualität der Pädagogik Freinets" diesen Begriff, der für Heitkämper die Dimensionen des Experiments und des Systematischen eher zum Ausdruck bringt als der nach Versuch und Irrtum klingende Begriff des tastenden Versuchens.[3]

Die mit der jeweiligen Übersetzung verbundene Interpretation der von Freinet verwendeten Begriffe ist für die Aufarbeitung seiner Theorie von Bedeutung. Dieses betrifft weiter die von Jörg eingeleitete Übersetzung von *sensible* mit *sinnlich* (vgl. z. B. EOZ, 124; MFS 21, 22, 29, 53).[4] Auch in der neuesten deutschen Ausgabe des *Essai de psychologie sensible* übersetzt Jörg mit *Sinnespsychologie* bzw. *Wahrnehmungspsychologie*[5] *im Sinne sinnlich wahrnehmbarer* Entwicklungen oder Tatsachen.[6]

Heitkämpers Interpretation des *experimentellen Tastens* basiert auf genau dieser Grundlage (psychologie sensible/Sinnespsychologie). Im Zentrum der Pädagogik Freinets steht nach Heitkämper die Sinneserfahrung (etwas spüren, handeln, arbeiten),[7] die Ausgangspunkt für alle weiteren Wahrnehmungen, Emotionen, Kognitionen,

---

In: Hellmich, A., Teigeler, P. (Hrsg.): Montessori-, Freinet-, Waldorfpädagogik. Konzeption und aktuelle Praxis, Wein- heim und Basel 1992, 38 - 49, hier: 39

[2] Vgl. Hannoun, H.: Célestin Freinet (1896 - 1966). In: Hannoun, H.: Anthologie des penseurs de l´ éducation, Paris: Presses Universitaires de France 1995, 344 - 349, hier: 345

[3] Vgl. Heitkämper, P.: Experimentelles Tasten. Zur Aktualität der Pädagogik Freinets. In: Engagement. Zeitschrift für Erziehung und Schule 4/1995, 352 - 361, hier: 353

[4] *Sinnlich* im Sinne von *die Sinnesorgane betreffend* ist nach *Pons* in erster Linie *sensoriel* (z. B. Sinnes- organ/organe sensoriel; Sinneseindrücke/impressions sensorielles; Sinnesempfindung oder - wahrneh- mung/perception sensorielle; Sinnesstörung/trouble sensoriel; Sinnestäuschung/illusion sensorielle). Die *Sinnespsychologie* (i. S. v. die Sinnesorgane betreffend) wäre entsprechend die *psychologie sensorielle*. Vgl. die Stichworte *sensible, sensibilité, sensoriel, le* bzw. *sensibel, Sinn-, sinnlich*. In: Pons. Großwörterbuch Französisch - Deutsch/Deutsch - Französisch, Stuttgart 1984

[5] Vgl. Jörg, H.: Erläuterungen zur Übersetzung und deutschen Ausgabe des zweiten Bandes der pädagogischen Werke des Célestin Freinet. In: Freinet, C.: Pädagogische Werke. Teil 2 (PWII), hrsg. v. Jörg, H., unter Mitw. v. Zillgen, H., Paderborn 2000, 9 - 10, hier: 9. Dieses Werk erschien nach Abfassung der vorliegenden Arbeit. Übersetzungen werden nur vergleichsweise herangezogen.

[6] Vgl. Eine Psychologie der Wahrnehmung (Essai de psychologie sensible). Eine Abhandlung von Célestin Freinet. Übersetzung von Herwig Zillgen und Hans Jörg. In: Freinet, C.: Pädagogische Werke. Teil 2 (PWII), hrsg. v. Jörg, H., unter Mitw. v. Zillgen, H., Paderborn 2000, 11 - 317, hier z. B.: 15

[7] Vgl. Heitkämper, P.: Experimentelles Tasten. Zur Aktualität der Pädagogik Freinets. In: Engagement. Zeitschrift für Erziehung und Schule 4/1995, 352 - 361, hier: 353

Bewußtheiten ist. Die Frage nach der Freinetpädagogik heute wird für Heitkämper zur Frage nach der *Sinneserziehung heute.*[8]

Hier wird *sensible* mit *sensibel* im Sinne von *empfänglich für* oder *offen für* übersetzt und entsprechend *sensibilité* mit *Sensibilität* im Sinne von *Empfänglichkeit für* oder *Offenheit für*. Für diese Übersetzung spricht, daß Freinet den Begriff *perméabilité à l´ expérience/Durchlässigkeit für Erfahrung,* der in Abgrenzung zu Pawlow und den Behavioristen entsteht und wie gezeigt werden kann eine reflexive (vgl. 2.2.2.3) sowie konstruktiv - sprachliche (vgl. 2.2.2.5) Dimension einschließt und der heute vor dem Hintergrund der These von der Geschlossenheit autopoietischer Systeme neue Aktualität erlangt, auch mit *sensibilité à l´ expérience/Offenheit für Erfahrung* umschreibt.

Obgleich Freinet den Begriff *tâtonnement expérimental* als Kern- und Grundbegriff seiner Pädagogik bezeichnet und dieser, wie die Vielfalt der Übersetzungen und Interpretationen zeigt, als solcher auch Beachtung findet, ist die mit ihm verbundene theoretische Konzeption bis heute nicht aufgearbeitet. Nur eine übergreifende, all ihre Dimensionen einbeziehende Debatte um das Für und Wider der Freinet - Pädagogik aber kann ihre Bedeutung für die aktuelle methodisch - didaktische Diskussion um die Reform von Unterricht und Schule herausstellen, ihrer verkürzten, punktuellen und oberflächlichen Rezeption entgegenwirken[9] und verhindern, daß auf neue Weise[10]: kindorientiert - offenunterrichtlich - allsinnig - fächerübergreifend - kreativ - stationär wieder (alte) Lernzielinhalte untergebracht werden. Durch Aufarbeitung der ideengeschichtlichen Wurzeln Freinets als politisch linksstehender Pädagoge[11] und eine Neuinterpretation des gesamten pädagogischen Werkes Freinets auf der Grundlage seiner Idee von der Laizität[12] konnte die traditionelle Kontroverse um die politische *Begründung* der Pädagogik Freinets überwunden und gleichzeitig dargelegt werden, wie die

---

[8] Vgl. Heitkämper, P.: Experimentelles Tasten. Zur Aktualität der Pädagogik Freinets. In: Engagement. Zeitschrift für Erziehung und Schule 4/1995, 352 - 361, hier: 357 ff

[9] Vgl. Grunder, H. - U.: Freinet - Pädagogik in der Schweiz. In: Hagstedt, H. (Hrsg.): Freinet - Pädagogik heute. Beiträge zum Internationalen Célestin - Freinet - Symposium in Kassel, Weinheim 1997, 117 - 133; Grunder, H. - U.: Fakten und Rezeption. Über die Schwierigkeiten, reformpädagogische Schulreform zu diskutieren. In: Bildung und Erziehung 2/1995, 183 - 198; Schlemminger, G.: Forschungsdesiderata der Freinet - Pädagogik. In: Hagstedt, H. (Hrsg.): Freinet - Pädagogik heute. Beiträge zum Internationalen Célestin - Freinet - Symposium in Kassel, Weinheim 1997, 203 - 212

[10] Vgl. Hövel, W., Resch, U.: Fragen zur Selbstbestimmung der eigenen LehrerInnenpersönlichkeit. In: Fragen und Versuche 92/2000 (Juni), 62 - 63, hier: 63

[11] Vgl. in diesem Zusammenhang z. B. Dietrich, I. (Hrsg.): Politische Ziele der Freinetpädagogik, Weinheim und Basel 1982

[12] Vgl. Kock, R.: Die Reform der laizistischen Schule bei Célestin Freinet. Eine Methode befreiender Volksbildung, Frankfurt a. M. 1995

Heranwachsenden in den Diskurs über die Modernisierung der Gesellschaft und die Kritik moderner Lebensformen eingeführt werden.[13] Hier wird gezeigt, wie die laizistische Pädagogik Freinets näher zu bestimmen ist, wobei mit dem experimentellen Tasten der Aspekt der Sprache besonders herausgestellt wird.

Das pädagogische Konzept Freinets betont den dynamischen, konstruktiven, interaktiven und kommunikativen Aspekt allen Lehrens und Lernens. Durch die Produktion Freier Texte und die Produktion von Unterrichtsmaterialien werden die Erfahrungen und das Wissen der Kinder zum Ausgangs- und Mittelpunkt des gesamten Unterrichtsgeschehens gemacht (Erfahrungsebene). Die LehrerInnen sind nicht Ausführer einer Methode, sondern eingebunden in einen komplexen methodischen Lehr - Lern - Prozeß, der den schulischen Rahmen übersteigt, eine grundlegende Handlungslinie und eine Gesamtkonzeption vom Leben und menschlichen Werden umfaßt (vgl. L´ EP 10/Febr/1937, 207 - 213) und der als permanenter Forschungs- und Lernprozeß (vgl. L´ E 15/16/17/Mai 1949, 324) zugleich die Einheit von schulischem Unterricht, Fort- und Weiterbildung der LehrerInnen garantiert[14] (Strukturebene). Die Transformation von Wissens- in Lernstrukturen erfolgt in Bezugssystemen, die in der Lehr - Lern - Situation unter Bezugnahme auf die eingebrachten Beiträge sowie die Lehr- bzw. Arbeitspläne von Lehrern/-innen und Schülern/-innen gemeinsam konstituiert werden (Lehr - Lern - Ebene).

Auf den Aspekt der Sprache im didaktischen Konzept der Freinetpädagogik haben neben Hannoun auch Hausmann und Dumas aufmerksam gemacht.[15] Hausmann sieht in der Freinetpädagogik den Versuch, dem Handeln im Unterricht einen größeren Stellenwert einzuräumen und es mit der Sprache und den Lebenserfahrungen der Kinder zu verbinden. Den Zusammenhang von Handeln und Sprache reflektiert Hausmann desweiteren jedoch *nicht* durch Aufarbeitung der Theorie Freinets, sondern unter Rückgriff auf die Tätigkeits- theorie der sowjetischen Kulturhistorischen Schule, die er um die Beschreibung der Genese und Funktion und der Merkmale unbewußter Motive im Tätigkeitszusammenhang erweitert. Hier wird aufgezeigt, daß Freinets Begriff des *tâtonnement expérimental* mit dem Begriff des *Handelns* und mit einem Verständnis von

---

[13] Anders als in Deutschland ist in Frankreich der Aspekt des *proletarischen Ursprungs* der Pädagogik Freinets bleibender Gegenstand der Diskussion. Vgl. z. B. Legrand, L.: Célestin Freinet et l´ idéologie aujourd´ hui. In: Cahiers Binet - Simon 4/1996, 13 - 37; Corre, L.: La pédagogie Freinet, est - elle toujours une pédagogie populaire? In: Le Nouvel Educateur 89/Mai/1997, 24 - 25

[14] Vgl. Schütz, P.: Alternativen zur gegenwärtigen Form der Lehrerweiterbildung. In: Bildung und Erziehung 3/1982, 273 - 286

[15] Vgl. Hausmann, J.: Handlung und Sprache im Unterricht. Die Bedeutung der Tätigkeitstheorie für schulisches Lernen, Frankfurt 1989; Dumas, G.: Pour une pédagogie du sujet. Mérites et limites de Freinet. In: Clanché, P., Debarbieux, E., Testanière, J. (Hrsg.): La pédagogie Freinet. Mises à jour et perspectives, Bordeaux: Presses Universitaires de Bordeaux 1994, 97 - 105

Lernen als *aktiver Aneignung* bzw. Lehren als *Vermittlung* gattungsgeschichtlich angehäuften Wissens nicht erfaßt wird. Dumas thematisiert ausgehend von Freinet (Sprache als Werkzeug) und in Auseinandersetzung mit Piaget, Saussure, Derrida und Lacan den Zusammenhang Sprache - Subjekt. Dumas zeigt auf, daß die Sprache nicht lediglich dem Subjekt als *Substanz* zur Verfügung gestellt ist, sondern das Subjekt begründet und strukturiert. Auch Dumas unternimmt jedoch keine Aufarbeitung der Theorie Freinets und seiner Vorstellung von der Sprache als Werkzeug. Hier wird aufgezeigt, daß der Sprache in der Theorie Freinets subjekt- bzw. persönlichkeitskonstituierende Bedeutung zukommt.

Mit seiner Theorie des *tâtonnement expérimental,* der theoretischen Absicherung seiner langjährigen pädagogischen Praxis, begründet Freinet die *Eigenständigkeit* seiner Pädagogik (vgl. L´ E 15/16/Mai/1954, 609) und ihre Lehr- und Lernbarkeit.[16] Das *tâtonnement expérimental* bestimmt die *méthodes naturelles,* die natürlichen Methoden, die für alle schulischen Disziplinen Gültigkeit haben (vgl. OPII, 231; vgl. z. B. auch Méthode naturelle de dessin. In: OPII, 416 - 488; Pour un méthode naturelle d´ enseignement scientifique. In: L´ E 8/Jan/1957, 3 - 5) und die Freinet besonders für den Lese-, Schreib- und Spracherwerb näher definiert (vgl. Méthode naturelle de lecture. In: OPII, 206 - 379).[17]

Das *tâtonnement expérimental* zur Grundlage des unterrichtlichen Lehr - Lern - Prozesses zu machen, bedeutet keine Rückbindung des Lehrens an vorgängig ermittelte (Lern-) Gesetzmäßigkeiten, bedeutet keine Entlassung der LehrerInnen aus ihrer spezifischen Aufgabe zu lehren. Dem *tâtonnement expérimental* liegt vielmehr eine neue Vorstellung vom Lehren zugrunde (vgl. Freinet. In: LTE, 50, 56), die Abschied nimmt vom traditionellen Bild der LehrerInnen als Vermittler des Wissens, der SchülerInnen als in vorbestimmten Sequenzen lernenden Adressaten des Wissens und der Schule als Institution für systematische Wissensvermittlung[18].

Der folgende Text umfaßt vier Kapitel. Nach der hier in *Kapitel eins* einleitend aufgezeigten Aktualität der Pädagogik Freinets wird in *Kapitel zwei* zunächst der Begriff

---

[16] Vgl. auch Lafitte, R. (BTR): Vorwort. Zu: Freinet, C.: L´ expérience tâtonnée. Brochures d´ Education Nouvelle Populaire (BENP 36), 1948. Le tâtonnement expérimental (LTE). Collection documents de l´ Institut Freinet. N° 1. Unveröffentliches Manuskript, Vence 1966. In: L´ Educateur de travail et de recherches. Supplément périodique, April/1976, 1 - 3, hier: 2

[17] Vgl. auch Peyronie, H.: Célestin Freinet. In: Houssaye, J. (Hrsg.): Quinze pédagogues. Leur influence aujourd´ hui, Paris: Armand Colin 1994, 212 - 226, hier: 219 f

[18] Vgl. in diesem Zusammenhang Hänsel, D.: Die konsequentesten und erfolgreichsten Reformer. In: Päd.extra, März/1991, 6 - 10. Hänsel unterscheidet zwischen traditionellem und modernem Lehrersein als *historisch* unterschiedlichen Formen, "die an je spezifische historisch - gesellschaftliche Kontexte gebunden und für diese funktional sind." Ebd., 8

tâtonnement expérimental als Grundbegriff der Theorie Freinets in seiner konstruktiven Dimension herausgestellt (2.1) und danach, Freinet selbst folgend, in Auseinandersetzung mit der Theorie Pawlows (2.2) und der Theorie Piagets (2.3) näher untersucht. Von hierher werden dann Grundannahmen der Theorie Freinets formuliert (2.4). Indem die Auseinandersetzung Freinets mit Pawlow bzw. den Behavioristen und Piaget nachgezeichnet wird, eine Auseinandersetzung, die auch Konstruktivisten wie Glaserfeld führen, wird deutlich, daß die Theorie Freinets sich heute wie damals auf der Höhe der wissenschaftlichen und pädagogischen Diskussion der Zeit bewegt.[19]

Kapitel drei behandelt die experimentelle Pädagogik Freinets. Zunächst wird die Lebenspsychologie, in die Freinet seine Theorie des *tâtonnement expérimental* einbettet und die seinem Forschungsprojekt *Pour la connaissance de l' enfant* zugrundeliegt, in ihren wesentlichen Punkten beschrieben (3.1). Anschließend wird das Forschungsprojekt, mit dem Freinet seine Theorie systematisch überprüft, vorgestellt (3.2). Besonders hervorge- hoben werden dabei Freinets Untersuchungen zum Spracherwerb und zur Begriffsbildung (3.2.4). Es folgt die Darlegung Freinets früher Forschungen zum Erstschreiben und Erstlesen (3.3). Die Teilkapitel 3.2.4 und 3.3 bringen zugleich eine Abgrenzung der Theorie Freinets zu zentralen Aspekten der Theorie Wygotskis. In Auseinandersetzung mit der Kritik Wallons wird dann der wissenschaftstheoretische Hintergrund der Pädagogik Freinets und seiner Theorie des *tâtonnement expérimental* herausgearbeitet (3.4).

Kapitel vier entfaltet das didaktische Konzept Freinets, das der Theorie des *tâtonnement expérimental* zugrundeliegt. Zunächst wird die Bedeutung dargelegt, die Freinet den Beiträgen und dem Wissen der Kinder für ganzheitliche, kommunikative und konstruktive Lehr - Lern - Prozesse zuschreibt (4.1). Anschließend wird das methodisch - didaktische Handeln der LehrerInnen auf seine konstruktive Dimension hin näher untersucht (4.2) und dann die Bedeutung des *tâtonnement expérimental* für die unterrichtliche Lehr - Lern - Situation aufgezeigt (4.3).

---

[19] Vgl. in diesem Zusammenhang anders Schlemminger, G.: Forschungsdesiderata der Freinet - Pädagogik. In: Hagstedt, H. (Hrsg.): Freinet - Pädagogik heute. Beiträge zum Internationalen Célestin - Freinet - Symposium in Kassel, Weinheim 1997, 203 - 212, hier: 204

2. *Tâtonnement expérimental* als Grundbegriff der Theorie Freinets

> Das große Gesetz, das wir immer im Zentrum allen menschlichen Verhaltens (recours humains[20]) finden werden, ist das Gesetz des *experimentellen Tastens*, dessen Beschaffenheit und Funktionsweise wir untersuchen wollen. (Freinet. In: EPSI, 39. Übers. R. K.)

Die Theorie Freinets, die durch den Begriff *tâtonnement expérimental* begründet ist (2.1), wird unter Rückbezug auf Freinet selbst durch Pawlows Theorie der Reflexe und in Auseinandersetzung mit dieser interpretiert (2.2). Dabei werden (2.2.1) die für diesen Zusammenhang zentralen Aspekte der Pawlowschen Theorie kurz umrissen und anschließend (2.2.2) wesentliche Aspekte der Freinetschen Reflexologie dargelegt, insbesondere der für die Theorie Freinets entscheidende Aspekt der *Durchlässigkeit für Erfahrung*. Danach wird, ebenfalls unter Bezugnahme auf Freinet selbst, die Theorie Freinets von der Theorie Piagets abgegrenzt (2.3), und zwar unter den Leitaspekten der *Kontinuität oder Diskontinuität in der Entwicklung* (2.3.1), der *Zielgerichtetheit der Entwicklung* (2.3.2) und der *Didaktischen Anwendung der Psychologie* (2.3.3). Von hierher werden dann (2.4) die zentralen Grundannahmen der Theorie Freinets skizziert.

---

[20] *Recours* bedeutet in wörtlicher Übersetzung *Zuflucht*. Jörg/Zillgen übersetzen mit *Reaktionen*. Vgl. Eine Psychologie der Wahrnehmung (Essai de psychologie sensible). Eine Abhandlung von Célestin Freinet. Übersetzung von Herwig Zillgen und Hans Jörg. In: Freinet, C.: Pädagogische Werke. Teil 2 (PWII), hrsg. v. Jörg, H., unter Mitw. v. Zillgen, H., Paderborn 2000, 11 - 317, hier 44

Die Wendung *recours - barrières* beschreibt einen wesentlichen Aspekt der Theorie Freinets: Das sozio - kulturelle Milieu wird vom Kind entweder helfend und unterstützend als *recours* (Zuflucht) oder zurückweisend und vereinnahmend als *barrière* (Schranke) oder häufig auch als *recours - barrière* erfahren (vgl. EPSI, 115 ff).

Siebzehntes Gesetz: Die recours - barrières: In seinem Tasten mißt das Individuum nicht nur seine eigenen Möglichkeiten und macht es nicht nur von diesen Gebrauch, sondern versucht es zugleich, sich durch Zuflüchte, die in der Lage sind, sein Kraftpotential zu verstärken, in die es umgebende Umwelt einzuklinken. Aber die Umwelt ist mehr oder weniger entgegenkommend, mehr oder weniger fügig, mehr oder weniger nützlich. Sie ist bald Zuflucht, bald Hindernis, meistens eine komplexe Mischung aus beidem. Aus der Position und aus dem Zusammenspiel dieser recours - barrières resultiert schließlich das Verhalten des Individuums seiner Umwelt - mit den recours - barrières: Familie, Gesellschaft, Natur, Individuen - gegenüber (EPSI, 119 f. Übers. R. K.). Vgl. weiter das achtzehnte Gesetz: Vom Mechanismus der Zuflüchte (EPSI, 128. Übers. R. K.)

2.1 Der Begriff *tâtonnement expérimental*

In seinem zweibändigen Werk *Essai de psychologie sensible appliquée à l' éducation* (EPS), das 1950 als letztes der von Freinet während der Kriegszeit verfaßten Bücher von der *Coopérative de l' enseignement laïc* (CEL) publiziert wird, faßt Freinet seine Theorie des *tâtonnement expérimental* zusammen.

2.1.1 Tâtonnement expérimental - expérience tâtonnée

1966 wird der erste Band von EPS (EPSI) bei Delachaux et Niestlé wiederaufgelegt (inzwischen in 4. Aufl. 1978). Es handelt sich - wie Freinet im Vorwort dieser Auflage vermerkt - um eine überarbeitete Fassung. Unter anderem ist hier der ursprüngliche Begriff *expérience tâtonnée* (ertastete Erfahrung) ersetzt durch den Begriff *tâtonnement expérimental* (experimentelles Tasten), unter dem die Theorie Freinets heute allgemein bekannt ist.

Den zweiten Teil des Werks (EPSII) läßt Elise Freinet 1971 in der Originalfassung von 1950 wiederauflegen (Delachaux et Niestlé). In diesem Band findet man weiterhin den alten Begriff *expérience tâtonnée;* ebenso in der von Freinet im April 1948 veröffentlichten, fünfunddreißig Seiten umfassenden Abhandlung zum experimentellen Tasten: *L' expérience tâtonnée* (BENP 36) sowie im *Educateur* bis Anfang der fünfziger Jahre.

Die Änderung der Begriffe hat unterschiedliche Interpretationen gefunden. Piaton differenziert nicht zwischen diesen Begriffen. Ihm zufolge legt Freinet den Schwerpunkt auf das *Tasten* und fügt später den Zusatz *experimentell* hinzu.[21] Für Schlemminger[22] und Lèmery[23] ist *expérience tâtonnée* die erste Stufe des Gesamtprozesses des *tâtonnement expérimental*. Barré sieht in der Begriffsänderung eine Akzentverschiebung[24]: der ältere Begriff legt für Barré den Akzent auf das Ergebnis: die Erfahrung; der jüngere Begriff betont für ihn den Prozeß: das Tasten und ist zugleich in einem engeren Sinne wissenschaftsorientiert, d. h. benennt das methodische Vorgehen: *experimentelles* Tasten.

---

[21] Vgl. Piaton, G.: La pensée pédagogique de Célestin Freinet, Toulouse: Edouard Privat 1974, 175

[22] Vgl. Schlemminger, G.: L' essor du movemenet Freinet et de ses concepts après 1945. In: Bruliard, L., Schlemminger, G.: Le mouvement Freinet: des origines aux années quatre - vingt, Paris: L' Harmattan 1996, 123 - 141, hier: 127

[23] Vgl. Lèmery, J. et E.: La pédagogie Freinet, est - ce une méthode ou une organisation systémique? In: Le nouvel éducateur 81/96 (Sept), 5 - 13, hier: 10 ff

[24] Vgl. Barré, M.: Célestin Freinet: un éducateur pour notre temps. Tome II: Vers une alternative pédagogique de masse (1936 - 1966), PEMF: Mouans - Sartoux 1996, 93

Elise Freinet interpretiert das Gesamtwerk Freinets als einen Weg "vom pädagogischen Empirismus zur experimentellen Pädagogik" (EOZ, 20). Freinet selbst kommentiert die Begriffs- änderung nicht, betont jedoch den experimentellen Charakter seiner Pädagogik (vgl. EPSI, 12) sowie seiner Bewegung, in der Praktiker auf experimentelle Weise ihre Arbeit und Arbeitsbedingungen reflektieren und verbessern (vgl. La charte pédagogique de l´ école moderne. In: L´ E 8/Jan/1954, 293 ff).

Hier werden die Begriffe *experimentelles Tasten* oder *Tasten* verwendet. Daß auch der ältere Begriff *ertastete Erfahrung* den Blick vor allem auf die *konstruktive* Dimension des *Tastens* richtet, belegt auch der Untertitel des 1966 wiederaufgelegten ersten Bandes von *Essai de psychologie sensible*: acquisition des techniques de vie constructive/Erwerb konstruktiver Lebenstechniken (Übers. R. K).

2.1.2 Tâtonnement expérimental - expérimentation scientifique

Im zweiten, nicht überarbeiteten Teil von *Essai de psychologie sensible* von 1950 (vgl. EPSII, 137) differenziert Freinet zwischen den Begriffen *expérience tâtonnée empirique* (empirisch ertastete Erfahrung) und *expérience tâtonnée méthodique et scientifique* (methodisch und wissenschaftlich ertastete Erfahrung).

In seinem Spätwerk von 1965/66 (vgl. LTE, 66) stellt Freinet in demselben Sinne neben den Begriff *tâtonnement expérimental* als alleinige Grundlage jeder wissenschaftlichen Forschung (*recherche scientifique*) und jeder Erfindung den Begriff *expérimentation scientifique*, wissenschaftliches Experimentieren: die wissenschaftliche Absicherung und Einordnung des Erforschten, die dann methodisch gesicherten Zugang zu den neuen Erkenntnissen gewährleisten und die Voraussetzung bilden für experimentelle Lehre (*apprentissage expérimental*).

Um auf dem Weg *experimentellen Tastens* selbst wissenschaftlich forschen zu können, benötigen die SchülerInnen eine Einführung, die sich nicht auf dem Weg *genuinen* experi- mentellen Tastens erreichen läßt, wohl aber durch eine *experimentelle Lehre*, wobei es nach Freinet Aufgabe der LehrerInnen ist, die Bedingungen dieser Lehre festzulegen. Um die Vermittlung toten Lehrbuchwissens zu vermeiden und dem eigenen Lernrhythmus der Kinder entsprechen zu können, muß nach Freinet die *experimentelle Lehre* selbst als *experimentelles Tasten* gestaltet sein, und zwar mit Blick auf forschendes experimentelles Tasten und die Maßgaben wissenschaftlichen Experimentierens.

2.2 *Tâtonnement expérimental* und Pawlows Theorie der Reflexe

Beide Bände von EPS (Band 1 in der von Freinet überarbeiteten Fassung, Band 2 in der Urfassssung) werden in die *Oeuvres pédagogiques* von 1994 aufgenommen. Das *En guise de préface* von 1966 wird nicht übernommen. In diesem Vorwort kündigt Freinet ein weiteres - über die einzelnen verstreuten Aufsätze im *Educateur* hinausgehendes (R. K.) - Werk zum *tâtonnement expérimental* an, das aufzeigen soll, wie Theorie und Praxis des *experimentellen Tastens* der *ersten* Stufe (Hervorhebung R. K.) der Prinzipien der Pawlowschen konditionierten Reflexe entsprechen.

> Bleibt uns noch die Aufgabe zu zeigen, wie unsere Theorie und Praxis sich in die erste Stufe der Prinzipien der Pawlowschen konditionierten Reflexe eingliedern. Das wird Aufgabe unseres nächsten Buches sein ...(EPSI, 6. Übers. R. K.)

Ein erster Entwurf von vierzig Seiten wird von Freinet im August 1965 fertiggestellt und im Februar 1966 in einem Rundschreiben den Mitgliedern des *Institut Freinet* als Diskussionsgrundlage mit dem Ziel einer späteren Veröffentlichung vorgestellt: *Le tâtonnement expérimental* (LTE). *Collection documents de l´ Institut Freinet. N° 1.* Freinets Tod im Oktober 1966 ermöglicht die Vollendung dieses Werkes nicht mehr. Es wird als Supplé- ment périodique des *L´ Educateur de travail et de recherches* vom April 1976 wieder- veröffentlicht.

Freinet zieht Parallelen zwischen seiner Theorie des experimentellen Tastens und dem Ansatz Pawlows. Mit dem Verweis auf die *erste* Stufe der Pawlowschen Prinzipien schließt Freinet dabei einen Bezug seiner Theorie zu dem, was Pawlow *Konditionierung zweiter* (oder höherer) *Ordnung* nennt, ausdrücklich aus. Bei der Konditionierung zweiter Ordnung wird ein konditionierter Stimulus erster Ordnung zur Verstärkung der Reaktion in Paarung mit einem Stimulus zweiter Ordnung verwendet. Diese Konditionierung höherer Ordnung ermöglicht, "Verstärkungsmacht" und Reaktion von einem Stimulus auf beliebige andere Stimuli zu übertragen, und zwar - nach der ersten Stufe - ohne weitere primäre Verstärkung.[25] Hiermit kann z. B. erklärt werden, wie Geld oder verbales Lob ihren Verstärkungswert erwerben.

Freinets Ziel ist - wie er auch an anderer Stelle in Auseinandersetzung mit dem Ansatz Skinners[26] wiederholt deutlich macht (vgl. z. B. LTE, 58) - nicht das Verstärkungslernen, nicht die Kontrolle und Steuerung menschlichen Verhaltens durch Änderung relevanter

---

[25] Vgl. Bower, G. H., Hilgard, E. R.: Theorien des Lernens, Stuttgart 1983, 97 ff
[26] Vgl. Skinner, B. F.: Was ist Behaviorismus?, Reinbek bei Hamburg 1978

Bedingungen (vgl. auch *Tâtonnement et dressage*. EPSI, 53 - 55), sondern der Versuch, eine neue, logische und überzeugende Erklärung der komplexen Probleme menschlichen Verhaltens und Lernens zu liefern (vgl. EPSI, 6). Dieses bedeutet aber nicht, daß Freinet den bereits bestehenden Theorien menschlichen Verhaltens und Lernens lediglich eine weitere hinzufügt. Ausgangs- und Bezugspunkt Freinets ist seine pädagogische Praxis (vgl. LTE, 40), die *Individuum* und *Umwelt* bzw. *Individuum* und *Wissen* in eine völlig neue Beziehung zueinander bringt.[27]

Den Beiträgen Freinets im *Educateur* ist zu entnehmen, daß in Frankreich eine verstärkte öffentliche Auseinandersetzung über Pawlow erst nach dem Krieg, Anfang der fünfziger Jahre, erfolgte und daß auch Freinet erst während dieser Zeit, d. h. nach Abfassung von *Essai de psychologie sensible,* vom Werk Pawlows Kenntnis genommen hat (vgl. Conséquences psychologiques et pédagogiques des découvertes de Pavlov. In: L´ E 11/März/ 1952, 350). Die große Leistung und Bedeutung Freinets besteht darin, eine Psychopädagogik begründet zu haben, die auf einer eigenen Theorie der mechanisierten Reflexe bzw. Lebensregeln basiert und die mit ihrem Aspekt der *perméabilité à l´ expérience* bzw. *sensibilité à l´ expérience*: der *Durchlässigkeit* bzw. *Offenheit für Erfahrung* weit über die Möglichkeiten des Pawlowschen Ansatzes hinausgeht.

Freinet greift Pawlows Theorie der konditionierten und nichtkonditionierten Reflexe und seine Vorstellungen von der Sprache als dem zweiten Signalsystem des Menschen auf, um die *Analogien* zum experimentellen Tasten aufzuzeigen und herauszustellen, daß das *experimentelle Tasten*, eine durch Beobachten, Experimentieren und durch einen von jedem Intellektualismus befreiten *gesunden Menschenverstand* begründete Theorie grundlegend durch Pawlows experimentell fundierte Theorie der Reflexe interpretiert werden kann (vgl. L´ E 11/März/1952, 350).

> Alles ist experimentelles Tasten - und wenn Sie wollen, können wir auch mit
> Pawlow sagen: Transformation konditionierter in unkonditionierte Reflexe.
> Das ganze vitale und intelligente Verhalten der Individuen erklärt und erhellt
> sich durch dieses Tasten. (L´ E 15/16/17/Juni/1952, 459. Übers. R. K.)

Das *experimentelle Tasten*, das darauf zielt, sich zu wiederholen bis es Lebenstechnik wird, ist für Freinet zunächst der *konditionierte Reflex* - erfolgreiches Tasten, das sich in das materielle und automatische Verhalten des Individuums einschreibt und zur Lebens-

---

[27] Vgl. auch Lafitte, R. (BTR): Nachwort. Zu: Freinet, C.: L´ expérience tâtonnée. Brochures d´ Education Nouvelle Populaire (BENP 36), 1948. Le tâtonnement expérimental (LTE). Collection documents de l´ Institut Freinet. N° 1. Unveröffentliches Manuskript, Vence 1966. In: L´ Educateur de travail et de recherches. Supplément périodique, April/1976, 79 - 80, hier: 79

regel wird (vgl. siebtes Gesetz: Vom mechanisierten Verhalten als Lebensregel[28]). Bei ausreichend langer Wiederholung wird die Lebensregel definitiv fixiert zur Lebenstechnik (vgl. auch Cours théorique et pratique de la connaissance de l´enfant. La permanence des techniques de vie. In: L´E 8/Jan/1954 sowie neunzehntes Gesetz: Von der Lebenstechnik. EPSI, 139 f) und damit - der Theorie Pawlows vergleichbar, nach der neu entstehende Reflexe in beständige Reflexe übergehen können, wenn in einer Reihe aufeinanderfolgender Generationen die gleichen Lebensbedingungen erhalten bleiben[29] - zum unkonditionierten Reflex. Das experimentelle Tasten bestimmt auch die Konstruktion *affektiver* Strukturen; es reicht bis in den kortikalen Bereich hinein, wo es das *Denken* strukturiert, das Freinet als Folgeerscheinung komplexen Tastens betrachtet (vgl. L´E 15/16/17/Juni/1952, 458).

> Meine sensible Psychologie[30] stimmt auch deshalb voll mit Pawlow überein, weil sie in die physiologischen, medizinischen oder psychologischen Konzeptionen bestimmte normale, materielle und automatische Vorgänge zurück- bringt, die mit zu den höchsten konstruktiven Bestimmungen des denkenden[31] und affektiven Lebewesens gehören. (L´E 15/16/17/1952, 458. Übers. R. K.)

Mehrere Punkte verbinden die Werke Freinets und Pawlows:

- die Grundannahme, daß für alles Lernen die gleichen Gesetzmäßigkeiten gelten
- die Erfassung reflektorischer Vorgänge und die Etablierung des mechanisierten (Freinet) bzw. konditionierten (Pawlow) Reflexes
- die Auffassung des Organismus als Ganzes, d. h., die Auffassung von der Untrennbarkeit physischen und psychischen Lebens
- die Erklärung psychischer Phänomene wie Intelligenz, Vernunft, Affektivität durch physiologische Prozesse
- die Zurückweisung einer Psychologie und Lernforschung, die Bewußtseinsprozesse wie Auffassen, Verstehen, Denken oder Wollen untersucht

---

[28] Siebtes Gesetz: Vom mechanisierten Verhalten als Lebensregel: Eine im Verlauf des Tastens erfolgreiche Erfahrung wirkt wie eine verstärkende Aufforderung und neigt dazu, sich mechanisch zu wiederholen, um schließlich zur Lebensregel zu werden (EPSI, 46. Übers. R. K.).

[29] Vgl. Pawlow, I. P.: Sämtliche Werke. Band III/1, 281. In: Koschtojanz, C. S.: Iwan Petrowitsch Pawlow und die Bedeutung seiner Arbeiten. In: Pawlow, I. P.: Ausgewählte Werke, Berlin 1955, 1 - 31, hier: 23

[30] Zu Jörgs Übersetzung *Psychologie der Sinne* (vgl. EOZ, 124) vgl. *Einleitung*.

[31] Jörg übersetzt hier *pensant* mit *kognitiv* (vgl. EOZ, 125)

- die Annahme, daß Denken auf Assoziationen beruht
- die Bedeutung der Sprache, wobei Pawlow der Sprache für die menschliche Psyche, das begriffliche Denken und als Grundlage der Wissenschaft zwar eine wichtige Rolle zuerkennt,[32] diese Ideen jedoch weder theoretisch noch empirisch weiterentwickelt[33]

Vor diesem Hintergrund wird im Folgenden zunächst der Ansatz Pawlows kurz umrissen; anschließend wird die Reflexologie Freinets dargestellt.

2.2.1 Pawlows Theorie der bedingten Reflexe

Die ganze Physiologie der zweiten Hälfte des 19. Jahrhunderts legt ihr Hauptaugenmerk vor allem auf die isolierte Betrachtung der Funktion der einzelnen Teile des Organismus.[34]

Wegbereiter einer ganzheitlichen Sicht des Organismus, wobei mit ganzheitlich die Annahme der Einheit des physischen und psychischen Lebens gemeint ist, sind u. a. Pierre Flourens (1794 - 1867), der die koordinierenden Leistungen des Gehirns darstellt, Claude Bernard (1813 - 1879) mit seinem Gedanken der Organisation des Lebendigen und Iwan Michailowitsch Setschenow (1829 - 1905), der den Versuch macht, physiologische Methoden bei der Analyse psychischer Prozesse anzuwenden. Pawlow wird durch den russischen Physiologen Setschenow und dessen 1863 verfaßtes Werk: *Die Reflexe des Gehirns* besonders geprägt und kommt von hierher zu der Frage nach den materiellen Grundlagen der psychischen Prozesse, nach der Einheit von Geist und Materie.[35]

Ausgangsbasis für Pawlows Theorie der Reflexe und höheren Nerventätigkeit bilden seine Arbeiten auf dem Gebiet der Physiologie der Verdauungsdrüsen, für die er 1904 den Nobelpreis für Medizin und Physiologie erhält und im Rahmen derer auch das Experiment von der sogenannten Scheinfütterung durchgeführt wird: Einem Hund wird längere Zeit gleichzeitig mit dem Futter ein Glockenton dargeboten. Nach mehrmaliger Wiederholung dieses Vorgangs kann beobachtet werden, daß der bei herkömmlicher Fütterung einsetzende Speichelfluß auch dann erfolgt, wenn allein das Glockengeräusch ertönt. Der Hund ist darauf konditioniert worden, auf den Glockenton mit dem gleichen

---

[32] Vgl. Pawlow, I. P.: Die bedingten Reflexe, München 1972, 149 f

[33] Vgl. Bower, G. H., Hilgard, E. R.: Theorien des Lernens, Stuttgart 1983, 90

[34] Vgl. Baader, G.: Das Werk Iwan Petrowitsch Pawlows. In: Pawlow, I. P.: Die bedingten Reflexe, München 1972, VII - XIV, hier: IX

[35] Vgl. Koschtojanz, C. S.: Iwan Petrowitsch Pawlow und die Bedeutung seiner Arbeiten. In: Pawlow, I. P.: Ausgewählte Werke, Berlin 1955, 1 - 31, hier: 3

Reflex zu reagieren wie auf das Futter. Oder anders gesagt: Der angeborene Reflex ist auf einen anderen neuen auslösenden, bedingten oder konditionierten Reiz übertragen worden.

2.2.1.1 Die unbedingten und die bedingten Reflexe

Pawlow unterscheidet zwei Arten von Reflexen[36]: den *Leitungsreflex*, ein fertiger Reflex, mit dem das Tier zur Welt kommt, ein arteigener, angeborener oder unbedingter Reflex und den *Schließungsreflex*, ein Reflex, der sich im Laufe des individuellen Lebens erst bildet, ein individueller, erworbener oder bedingter Reflex.

Beim unbedingten Reflex läuft die durch den Reiz ausgelöste Nervenerregung auf einer direkten angeborenen neuralen Bahn zum reagierenden Organ; beim bedingten Reflex wird eine solche Verbindung erst hergestellt. Dieses geschieht, indem ein bedingter Reiz gesetzt und mit einem unbedingten Reiz gekoppelt wird, wobei ein fester und beständiger bedingter Reflex nur bei einem ständigen Vorausgehen des bedingten vor dem unbedingten Reiz entsteht.[37] Der Grund der Verbindung der beiden Reize ist physiologischer Natur. Beide Reize lösen gleichzeitig Erregungsprozesse in zwei Rindengebieten, kortikalen Zentren, aus. Bei Wiederholung dieses zeitlichen Zusammentreffens entsteht eine neue funktionale Einheit, die durch jeweils einen der zwei Reize die jeweilige Reaktion auszulösen vermag.

Die unbedingten Reflexe, in der traditionellen Terminologie: die Instinkte, Neigungen, Affekte und Emotionen, gehören zum subkortikalen Gebiet, zum *niederen Teil* des Zentralnervensystems. Wenn z. B. die Großhirnrinde beim Tier entfernt wird, bleiben die einfachen Reflexe bestehen; die neuen Schließungsreflexe verschwinden. Die unbedingten Reflexe bilden die erste Instanz für die komplizierten Wechselbeziehungen des Organismus mit der Umwelt und ermöglichen eine begrenzte Orientierung und eine geringe An- passung.

Die bedingten Reflexe bilden das Gebiet der *höheren Tätigkeit*, die mit den höheren Zentren des Nervensystems in Verbindung steht: den Großhirnhemisssphären, ausgenommen die Stirnlappen. Die bedingten Verbindungen oder Assoziationen bilden die zweite Instanz; sie ermöglichen die Signalisierung der wenigen unbedingten äußeren Reize durch eine unzählige Menge anderer, die gleichzeitig ständig analysiert werden; sie geben die Möglichkeit einer umfassenden Orientierung in der Umwelt und damit einer weitaus größeren Anpassung. Hier spricht Pawlow vom *ersten und alleinigen*

---

[36] Vgl. Pawlow, I. P.: Die bedingten Reflexe, München 1972, 65 ff, 149 ff

[37] Vgl. Pawlow, I. P.: Antwort eines Physiologen an die Psychologen. In: Sämtliche Werke. Band III/2, Berlin 1953, 404 - 430, hier: 405

Signalsystem im Tierorganismus und vom *ersten Signalsystem* des Menschen. Beim Menschen kommt - nach Annahme Pawlows in den Stirnlappen, die bei den Tieren nicht in einem solchen Ausmaß vorhanden sind - ein anderes, *ein zweites Signalsystem* hinzu:[38] die Signalisierung des ersten Systems durch die Sprache und die ihr zugrundeliegenden Komponenten: die kinästhetischen Reize der Sprechorgane.

2.2.1.2 Die höhere Nerventätigkeit

Neben der Schließung: der Bildung neuer Verbindungen mit der Außenwelt existiert nach Pawlow ein zweiter Aspekt der höheren Nerventätigkeit: die höhere Analyse: die Zerlegung der verschiedenen komplizierten Verhältnisse der Welt in ihre Einzelbestandteile. Die Analyse wird zwar - im Unterschied zur Schließung - auch von den niederen Teilen des Zentralvervensystems allein durchgeführt, aber in den Großhirnhemisssphären findet die jeweils feinste Analyse statt, die sowohl das Tier als auch der Mensch erreichen kann. Pawlow kommt zu der Erkenntnis, daß der Analysator sich zunächst immer mit seinem größten Teil am Reflex beteiligt und erst später bei der Wiederholung dieses Reflexes allmählich eine Spezialisierung stattfindet.[39]

Pawlows Ableitung aller psychischen Phänomene von der höheren Nerventätigkeit sowie seine Auffassung des qualitativen Unterschieds zwischen dem ersten Signalsystem der Tiere und dem ersten und zweiten Signalsystem des Menschen[40] haben stets zu Auseinandersetzungen mit der Psychologie geführt. In Abgrenzung zu zwei neueren Schulen, der Gestaltpsychologie und dem Behaviorismus, werden hier abschließend Pawlows Verständis vom *Lernen* und *Denken* und von der *Sprache* skizziert.

2.2.1.3 Lernen und Denken

Die Gestaltpsychologie, die psychische Zustände nur als ganzheitliche Strukturen erkennen will, hat keinen Zugang zu Pawlows Lehre vom höheren Nervensystem. Sie wendet sich gegen den Reflex, gegen die einfache Empfindung und vor allem dagegen, daß Verhalten analysiert oder in Einzelheiten zerlegt werden kann. Sie geht davon aus,

---

[38] Vgl. Pawlow, I. P.: Die bedingten Reflexe, München 1972, 149 f

[39] Vgl. Pawlow, I. P.: Die bedingten Reflexe, München 1972, 66

[40] Vgl. Pawlow, I. P.: Antwort eines Physiologen an die Psychologen. In: Sämtliche Werke. Band III/2, Berlin 1953, 404 - 430; vgl. auch Drischel, H.: Das Leben Iwan Petrowitsch Pawlows. In: Pawlow, I. P.: Die bedingten Reflexe, München 1972, XV - XXVI, hier: XXII f; vgl. Baader, G.: Das Werk Iwan Petrowitsch Pawlows. In: Pawlow, I. P.: Die bedingten Reflexe, München 1972, VII XIV, hier: XIII f

daß das Gehirn in umfangreicheren Formen mit dem Zusammenraffen des Zwischenraums arbeitet und schneller ist als die operative Leistungsfähigkeit der Bahnen, die diese Zentren im Gehirn verbinden[41], anders ausgedrückt: daß neben den Empfindungen und motorischen Reaktionen und den Verbindungen zwischen ihnen, neben ihnen und sie alle einschließend der Prozeß einer "dynamischen Organisation" existiert[42] - die jedoch nach Pawlow ebenfalls als eine Verbindung betrachtet werden muß.

Lernen, Verstehen und Denken sind für Pawlow nur über die *Verbindung* zu erklären. Verbindung definiert er dabei als ein Erkennen der Sache, ein Erkennen bestimmter Verhältnisse der Außenwelt und zugleich als ein Erkennen und Erwerben neuer Kenntnisse.

Das ganze *Lernen* besteht für Pawlow in der Bildung zeitweiliger Verbindungen oder Assoziationen und bedeutet *Verstehen*. Verstehen ist demnach ein Ausnutzen der Kenntnisse erworbener Verbindungen.[43]

Denken umfaßt für Pawlow zwei Prozesse[44]: Erstens die Bildung von Assoziationen, und zwar zunächst die Bildung elementarer Assoziationen, die mit den äußeren Gegenständen in Verbindung stehen, dann die Bildung von Ketten von Assoziationen, die dazu führen, daß das Denken immer tiefer und umfassender wird. Zweitens den Prozeß der Analyse, der zunächst auf der analysatorischen Fähigkeit der Rezeptoren, dann auf der Zerlegung von Verbindungen beruht. Denken im Verständnis Pawlows bedeutet damit, daß zunächst beständigere und genauere Verbindungen gebildet und dann die zufälligen Verbindungen eliminiert werden.

2.2.1.4 Das zweite Signalsystem des Menschen

Auf den ersten Blick scheint der Behaviorismus eine Weiterentwicklung der Pawlowschen Theorie zu sein. Doch Watson und seine Nachfolger lösen den bedingten Reflex als Ein- zelelement aus seinem Zusammenhang und lassen die Gesetzmäßigkeiten der höheren Nerventätigkeit außer acht[45], so daß ihnen der qualitative Unterschied

---

[41] Vgl. Pawlow, I. P.: Kritik der Gestaltpsychologie. In: Pawlow, I. P.: Die bedingten Reflexe, München 1972, 157 - 172, hier: 163

[42] Vgl. Pawlow, I. P.: Kritik der Gestaltpsychologie. In: Pawlow, I. P.: Die bedingten Reflexe, München 1972, 157 - 172, hier: 166

[43] Vgl. Pawlow, I. P.: Kritik der Gestaltpsychologie. In: Pawlow, I. P.: Die bedingten Reflexe, München 1972, 157 - 172, hier: 166

[44] Vgl. Pawlow, I. P.: Kritik der Gestaltpsychologie. In: Pawlow, I. P.: Die bedingten Reflexe, München 1972, 157 - 172, hier: 170 f

[45] Vgl. z. B. Watson, J. B.: Behaviorismus, Frankfurt a. M. 1976 (2. Aufl.), 228 f

zwischen dem psy-chischen Leben der Tiere und der Psyche des Menschen im Pawlowschen Signalsystem unverständlich ist.[46]

Während für das Tier die Wirklichkeit in den Großhirnhemissphären fast nur durch Reize und deren Spuren, die unmittelbar auf die speziellen Zellen der optischen und akustischen und anderen Rezeptoren des Organismus einwirken, signalisiert wird, wird mit dem zweiten Signalsystem des Menschen nach Pawlow ein neues Prinzip in die Nerventätigkeit eingeführt: die Abstraktion und zugleich die Verallgemeinerung der unzähligen Signale des ersten Signalsystems. Parallel damit ist ebenfalls ein Analysieren und Synthetisieren dieser neuen verallgemeinerten Signale verbunden. Dieses Prinzip erlaubt nach Pawlow eine grenzenlose Orientierung in der Umwelt und begründet die höchste Anpassung des Menschen: die Wissenschaft.[47]

Baader zufolge kann Pawlow nachweisen, daß beim Menschen das erste wie auch das zweite Signalsystem sozial determiniert ist und als spezifische Funktion des zweiten Signalsystems das höhere menschliche, d. h. begriffliche Denken herausstellen.[48] Obwohl Pawlow der Sprache eine wichtige Bedeutung zuerkennt und betont, daß das Wort uns zu Menschen gemacht hat[49], entwickelt er, als Physiologe, diesen Ansatz nicht weiter. Seinem methodischen Grundsatz entsprechend: "Man muß alle Tatsachen erklären, indem man bei ein und demselben Gesichtspunkt bleibt"[50] *betont er vielmehr zugleich, daß auch das zweite Signalsystem den Gesetzen unterliegt, die für das erste Signalsystem gelten, da es sich immer um das gleiche Nervengewebe handelt.*[51]

2.2.2 Die Reflexologie Freinets

Die Reflexologie Freinets unterscheidet zwischen mechanischem Tasten, mechanisierten Reflexen bzw. mechanisiertem Verhalten und intelligentem Tasten.

---

[46] Vgl. Baader, G.: Das Werk Iwan Petrowitsch Pawlows. In: Pawlow, I. P.: Die bedingten Reflexe, München 1972, VII - XIV, hier: XIII f

[47] Vgl. Pawlow, I. P.: Die bedingten Reflexe, München 1972, 149 f

[48] Vgl. Baader, G.: Das Werk Iwan Petrowitsch Pawlows. In: Pawlow, I. P.: Die bedingten Reflexe, München 1972, VII - XIV, hier: XII

[49] Vgl. Pawlow, I. P.: Sämtliche Werke, Bd. III/2, Berlin 1953, 335 f. Zit. in: Koschtojanz, C. S.: Iwan Petrowitsch Pawlow und die Bedeutung seiner Arbeiten. In: Pawlow, I. P.: Ausgewählte Werke, Berlin 1955, 1 - 31, hier: 25

[50] Pawlow, I. P.: Die bedingten Reflexe, München 1972, 70

[51] Vgl. Pawlow, I. P.: Sämtliche Werke, Bd. III/2, Berlin 1953, 335 f. Zit. in: Koschtojanz, C. S.: Iwan Petrowitsch Pawlow und die Bedeutung seiner Arbeiten. In: Pawlow, I. P.: Ausgewählte Werke, Berlin 1955, 1 - 31, hier: 25

2.2.2.1 Das mechanische Tasten

Am Anfang des experimentellen Tastens steht das *mechanische Tasten*, das allein von der inneren Antriebskraft der Individuen und den äußeren Bedingungen abhängig ist (vgl. sechstes Gesetz: Vom mechanischen Tasten[52]). *Es ist in keiner Weise Ausdruck durchdachten Verhaltens (vgl. EPSI, 39 f), hat aber dennoch einen Grund und eine Existenzberechtigung. Es ist Ausdruck eines Ungleichgewichts und zielt darauf, Gleichgewicht der Kräfte und Harmonie wiederzuerlangen. Als Beispiel für erstes mechanisches Tasten beschreibt Freinet das Schreien, Gestikulieren und Weinen des Kindes (vgl. EPSI, 41): eine unbedingte Reaktion bzw. ein unbedingter Reflex auf einen entsprechenden Reiz.*

2.2.2.2 Mechanisierte Reflexe und mechanisiertes Verhalten

Die *mechanisierten Reflexe* (vgl. EPSI, 43) in der Reflexologie Freinets bilden als Lebensregeln die Grundlage des *mechanisierten Verhaltens* (vgl. EPSI, 46). Sie entstehen durch automatische Wiederholung erfolgreichen Tastens und bilden für Freinet die Verhaltensnorm allen organischen Lebens. Sie beschreiben einen allgemeinen Anpassungsprozeß, ohne den Leben nicht möglich wäre (vgl. EPSI, 44).

> *Dieser Prozeß erfolgreichen Tastens, der sich in der automatischen Wiederholung fixiert,* (mechanisierter R. K.) *Reflex, der zur Lebensregel wird, ist die Verhaltensnorm allen organischen Lebens.*
> Es handelt sich hier um einen allgemeinen Anpasungsprozeß, ohne den das Leben selbst nicht möglich wäre. (EPSI, 44. Übers. R. K.)

Die *mechanisierten Reflexe* Freinets umfassen mehr als die *konditionierten Reflexe* Pawlows. Freinet beschreibt mit den mechanisierten Reflexen sowohl nicht - assoziatives Lernen (vgl. EPSI, 44 - 46), das nach Freinet nicht mit dem zu verwechseln ist, was man traditionellerweise als Gewöhnung oder Gewohnheit bezeichnet, sondern das eine Form der Herausbildung von Lebensregeln als Anpassung an den Prozeß des Lebens darstellt (vgl. EPSI, 46), als auch Beispiele im Sinne der klassischen Konditionierung, bei der ein

---

[52] Sechstes Gesetz: Vom mechanischen Tasten: Am Anfang haben die physischen und physiologischen Reaktionen keinen geistigen oder psychischen Anteil. Sie vollziehen sich allein durch Tasten, dieses Tasten ist in diesem Stadium nur eine mechanische Reaktion zwischen Individuum und Umgebung mit dem Ziel der Aufrechterhaltung seines vitalen Gleichgewichts (EPSI, 41. Übers. R. K.).

neuer Reiz durch einen unkonditionierten Reiz verstärkt und auf das entsprechende Reflexverhalten konditioniert wird, z. B. das Auftreten konditionierten kindlichen Reflexverhaltens: Saugbewegungen, ein Verhalten, das ursprünglich nur durch den Sauger im Mund verursacht wird, und Hungergefühle, wenn sich die *Zeit* nähert, zu der die Saugflasche erscheint (vgl. EPSI, 47; Hervorhebung R. K.), und Beispiele im Sinne der instrumentellen Konditionierung, bei der die Reaktion des Individuums durch Erfolg verstärkt wird, d. h. für die Verstärkung von instrumenteller Bedeutung ist, z. B. das Verhalten an einer größeren Wegkreuzung (vgl. LTE, 59).

Freinet vertritt hier *nicht* die *klassische Reflexlehre* im Sinne Pawlows[53], nach der der ideale Reflex als eine kausal - mechanistische Verbindung zwischen einem elementaren Reiz und einer elementaren Reaktion aufzufassen und der reagierende Organismus als völlig passiv anzusehen ist.

> Im menschlichen Organismus wird die Erregung durch ein komplexes und
> feines System sensibler Bahnen, zu dem wir den Schlüssel nicht besitzen,
> beeinflußt, modifiziert und umgeleitet. (EPSI, 110. Übers. R. K.)

Freinet erkennt, daß im Unterschied zu einem elektrischen Mechanismus dieselbe Fühlungnahme nicht immer dieselbe Reaktion auslöst (vgl. EPSI, 110), daß alle Reflexe im Organismus die Mitwirkung einer Vielzahl von Bedingungen außerhalb des Reflexbogens erfordern, die mit dem gleichen Recht wie der *Stimulus* als Ursachen der Reaktion bezeichnet werden können. Auch Merleau - Ponty hat hierauf hingewiesen:

> Man gewöhnt sich daran, die Bedingung, auf die wir am leichtesten Einfluß
> nehmen können, als *Ursache* anzusehen. Wenn man unter den Vorbedingungen
> des Reflexes jene ausläßt, die sich innerhalb des Organismus befinden, so
> deswegen, weil sie meistens zur rechten Zeit zusammentreffen.[54]

Pawlow definiert die Reaktion, die im Rahmen der instrumentellen Konditionierung verstärkt wird, als einen unbedingten Reflex - so z. B. das Streben nach Freiheit oder

---

[53] Vgl. dazu Eppinger, M.: Freiheit und Verhalten. Ein Beitrag zur Kritik des radikalen Behaviorismus nach B. F. Skinner aus philosophisch - anthropologischer Perspektive, München 1983, 37 ff

[54] Merleau - Ponty, M.: Die Struktur des Verhaltens, Berlin, New York 1976, 18. Vgl. auch die grundlegende Kritik Merleau - Pontys an der Reflexologie Pawlows und ihren Postulaten: Pawlow übertrage deskriptive, der Beobachtung des Verhaltens entnommene Begriffe direkt auf das zentrale Nervensystem in der Annahme, er bediene sich einer physiologischen Methode (ebd., 61 - 70, hier: 69). Das direkte Messen kortikaler elektrischer Felder war zur Zeit Pawlows technisch noch nicht möglich. Vgl. Bower, G. H., Hilgard, E. R.: Theorien des Lernens, Stuttgart 1983, 89

Nahrung -, so daß er in der Lage ist, auch die instrumentelle Konditionierung unter seine Theorie zu subsumieren. Die instrumentelle Konditionierung ist damit für ihn dem Bildungsmechanismus nach dieselbe Verbindung, hat aber bereits eine andere Bedeutung: Im Unterschied zu den Versuchen mit künstlichen und bedingten Nahrungsreflexen ist sie beständiger und bildet den Beginn des Denkens und der wissenschaftlichen Kenntnisse.[55]

Pawlow ist aber genau wie Thorndike, auf den die Experimente mit der instrumentellen Konditionierung zurückgehen, bzw. die Behavioristen nicht in der Lage zu erklären, wie das Individuum die Information darüber bewahrt, welche Reaktion stattgefunden hat.[56] So lautet die entscheidende Frage Freinets:

> Vermöge welchen Gesetzes oder welcher Neigung kommt die richtige Antwort
>
> aus der Gesamtheit der Tastversuche zum Vorschein? Die Behavioristen haben
>
> hierauf keine Antwort gegeben. (Freinet. In: OPII, 221. Übers. R. K.)

2.2.2.3 Durchlässigkeit für Erfahrung und intelligentes Tasten

Hier setzt Freinet an mit seiner Annahme einer bei bestimmten Tieren und beim Menschen vorhandenen *Durchlässigkeit* oder *Offenheit für Erfahrung*, einem allgemeinen *mechanischen Prinzip* (vgl. OPII, 221; LTE, 59*)*, dessen Bedeutung und Tragweite, so Freinet, bislang noch von keiner Pädagogik deutlich und angemessen erfaßt worden ist (vgl. EPSI, 58*)*.

Erweist sich eine Verhaltensweise als *erfolgreich*, d. h., gelingt es dem Kind mit diesem Verhalten, sein Leben in einer befriedigenden Art zu bewältigen, Hindernisse zu überwinden (vgl. OPII, 212) und Gleichgewicht zu gewinnen, wird sie automatisch reflexartig wiederholt und zunächst zur *Lebensregel*, dann zur *Lebenstechnik*. Ohne die Annahme einer *Durchlässigkeit für Erfahrung* nun wäre alles Tasten nur eine mechanische Reaktion zwischen Individuum und Umgebung, so wie Freinet es im *sechsten* der fünfundzwanzig Gesetze, mit denen er seine Psychologie beschreibt, zusammenfaßt: *dem Gesetz vom mechanischen Tasten*, alles Verhalten unbewußte Anpassung an den Prozeß des Lebens und immer wieder dem Zufall preisgegeben (vgl. LTE, 59). Dem widerspricht aber, so Freinet, daß sich z. B. ein Hund im Vergleich zu einem Huhn "intelligenter" verhält (vgl. EPSI, 57). Auch die Entwicklung des Menschen

---

[55] Vgl. Pawlow, I. P.: Kritik der Gestaltpsychologie. In: Pawlow, I. P.: Die bedingten Reflexe, München 1972, 157 - 172, hier: 167 f. Vgl. auch Pawlow, I. P., Gubergriz, M. M.: Der Freiheitsreflex. In: Sämtliche Werke. Band III/1, Berlin 1953, 248 - 252

[56] Vgl. auch Bower, G. H., Hilgard, E. R.: Theorien des Lernens, Stuttgart 1983, 47 f

ist für Freinet ohne diese Dimension nicht zu erklären (vgl. Une échelle d´ humanité. In: L´ E 14/April/1950).

> Wenn das Verhalten des Individuums nur vom inneren Antrieb und von den äußeren Bedingungen abhängig ist, erfolgen seine Reaktionen *mechanisch* auf Grund der Kraft des Antriebs und der Veränderungen der äußeren Bedingungen. Bei einigen Individuen - Tieren oder Menschen - kommt eine dritte Eigenschaft hinzu: *die Durchlässigkeit für Erfahrung*, die die erste Stufe der Intelligenz darstellt. An der Sicherheit und Schnelligkeit, mit der ein Individuum aus seinem Tasten profitiert, kann man den Grad seiner Intelligenz ablesen. (Achtes Gesetz: Vom intelligenten Tasten. EPSI, 58. Übers. R. K.)

Die *Durchlässigkeit für Erfahrung* ermöglicht es den jeweiligen Individuen, ihre Tastversuche, die dann nicht mehr ausschließlich mechanisch erfolgen, sondern *intelligentes Tasten* darstellen, auszurichten und gezielt einzusetzen (vgl. EPSI, 58).

Besonders in seinem Spätwerk betont Freinet, daß das Individuum unter Einbeziehung all seiner physiologischen Reaktionen, seines Unterbewußten und der Reaktionen des Milieus selbst über Erfolg oder Mißerfolg einer Verhaltensweise reflektiert und urteilt (vgl. OPII, 214). Diese These Freinets, daß das Individuum die erfolgreichen Verknüpfungen selbst durch Wiederholung, d. h. methodische Schulung: apprentissage méthodique (OPII, 241), verstärkt, eine These, die Thorndike in ähnlicher Weise formuliert und verwirft, wird von neueren Forschungsergebnissen gestützt.[57]

Die *Durchlässigkeit für Erfahrung* ist für Freinet das Resultat der unzähligen Tastversuche früherer Generationen (vgl. L´ E 15/16/17/Juni 1952, 458 f). Sie steht als *mechanisches Prinzip* in direktem Zusammenhang mit der Entwicklung des Gehirns (vgl. Une échelle d´ humanité. In: L´ E 14/April/1950), das Freinet ebenfalls, phylogenetisch wie ontogenetisch, als Ergebnis und Folge experimentellen Tastens, langer Erfahrung und Übung betrachtet, und begründet so die *Offenheit* des Menschen.

> Wir leugnen sicherlich nicht, daß eine bestimmte physiologische Entwicklung des Gehirns und der verschiedenen Organe seine Bedeutung hat. Aber das Gehirn reift auch durch die Erfahrung und die Übung. (L´ E 3/Nov/1951, 95. Übers. R. K.)

Darüber hinaus ist die *Durchlässigkeit für Erfahrung* zugleich in hohem Maße der physischen Disposition eines Individuums funktional (vgl. L´ E 15/16/17/Juni 1952,

---

[57] Vgl. Bower, G. H., Hilgard, E. R.: Theorien des Lernens, Stuttgart 1983, 64

459)[58] und kann durch eine gute Ernährung und eine gesunde Lebensweise gefördert werden[59].

Die *Durchlässigkeit für Erfahrung* ist die Voraussetzung bzw. erste Stufe intelligenten Verhaltens. Der Grad der Intelligenz ergibt sich für Freinet aus der Schnelligkeit und Sicherheit, mit der ein Individuum aus dem experimentellen Tasten profitiert und sich Erfahrungen nutzbar macht (vgl. OPII, 213). *Intelligenz* ist damit für Freinet nicht beschränkt auf geistige Fähigkeiten (vgl. auch Habilité manuelle et intelligence. In: L´ E 5/Dez/1948) und weder ein statischer Zustand noch ein schulischer Ausdruck desselben, sondern eine Reaktionskraft, die mit traditionellen Konzepten nicht erfaßt werden kann (vgl. EPSI, 58, 86 ff). Bei besonders intelligenten Individuen kann die *Durchlässigkeit für Erfahrung* bis zu einem Hundert- oder Hunderttausendfachen beschleunigt sein und eine Mechanik erreichen, die, so Freinet, allgemein auch als *Intuition* bezeichnet wird (vgl. LTE, 60).

Der Begriff *perméabilité à l´ expérience* ist der ältere und ursprünglichere Begriff. Mit der Einführung bzw. Ergänzung des Begriffs *sensibilité à l´ expérience* bezieht Freinet sich auf den französischen Physiologen Bernard (vgl. L´ E 6/Dez/1952, 173; EOZ, 152), für den *la sensibilité* eine der grundlegendsten Eigenschaften jeder lebenden Zelle ist, das "große ursprüngliche Phänomen, von dem sich all die anderen Ordnungen, seien es physiologische oder intellektuelle, ableiten."[60] Die Bezugnahme auf Bernard belegt Freinets Grundannahme von der *Offenheit* lebender Systeme.

2.2.2.4 Lernen als Konstruktion durch Tasten und Imitation

Lernen bedeutet für Freinet eine Kette von Verbindungen erstellen, wobei Freinet im Unterschied zu Pawlow das Individuum als aktiven Konstrukteur betrachtet.

Durch Wiederholung erfolgreichen Tastens konstruiert das Individuum Kettenglied für Kettenglied seine *Erfahrungskette* oder *Lebenskette* (la chaine de vie/EPSI, 62), die als *Lebensregel* in Erscheinung tritt (vgl. EPSI, 64). Entscheidend ist, daß alle Kettenglieder hinreichend verankert sind, um dem Lauf des Lebens standhalten zu können und komplexe Verankerungen (*Denken*) zu ermöglichen (vgl. Freinet/1954. In: EOZ, 125 f).

Das erfolgreiche Verhalten eines Individuums ist entweder als *mechanisches Tasten*

---

[58] Vor diesem Hintergrund erweist sich eine Trennung zwischen energetischer Offenheit und informationeller Offenheit bzw. Geschlossenheit wie sie in der Theorie Maturanas vorgenommen wird als fraglich.

[59] Vgl. in diesem Zusammenhang z. B. die Aufsatzreihe von Elise Freinet im *Educateur prolétarien*: Pour un naturisme prolétarien. Ab Oktober 1939 unter dem Titel: Conseils aux Mamans en temps de guerre pour sauvegarder la santé de l´ enfant

[60] Bernard, C. Zit. n. EOZ, 88

unmittelbar durch ein *physiologisches Bedürfnis* des Individuums bestimmt oder Resultat *intelligenten Tastens,* kann aber auch auf *Imitation* beruhen (vgl. EPSI, 61). Dem Beispiel und dem Tasten anderer schreibt Freinet die gleiche Bedeutung zu wie dem eigenen Tasten. Sie werden in dem Maße imitiert und wiederholt wie sie für das Individuum eine Möglichkeit erfolgreichen eigenen Tastens darstellen, d. h., wie sie den eigenen Bedürfnissen des Individuums entsprechen und entgegenkommen, und werden im Falle ihrer Passung zu Kettengliedern der eigenen *Lebenskette.*

Imitation ist für Freinet der natürliche Prozeß, durch den das Individuum ein Beispiel oder ein von außen herangetragenes erfolgreiches Tasten in die eigene Lebenskette hineinverschachtelt (vgl. BENP 36, 14 f). Wenn das eigene Tasten sich bereits im Automatismus einer Lebensregel fixiert hat, ist das Individuum für Imitation nicht mehr empfänglich. Der Vorgang der Imitation unterliegt für Freinet genau dem Gesetz des experimentellen Tastens, mit dem er sich verbindet (vgl. EPSI, 61 ff; neuntes Gesetz vom Verhalten: Die Imitation und das Beispiel. EPSI, 65 f), und ist Teil des vitalen und angeborenen Bedürfnisses des Individuums nach Gleichgewicht und Harmonie. Er ist Ausdruck des tiefen organischen Bedürfnisses, seine Tastversuche mit denen der Umgebung in Einklang zu bringen. Zu Anfang hat die Imitation wie das experimentelle Tasten einen rein physiologischen Aspekt. Als wissenschaftlichen Beleg führt Freinet hier die Mimikry an (vgl. EPSI, 61). Anders gesagt: Zu Anfang erfolgt Imitation niemals aufgrund einer Schlußfolgerung. Im Gegenteil: Um sich ihr zu entziehen bedarf es bewußten Verhaltens (vgl. L´ imitation. In: L´ E 2/Okt/1948). Bei intelligenten Individuen wird bei wiederholter Imitation genau wie bei der Wiederholung erfolgreichen eigenen Tastens eine *Spur* gelegt, die durch weitere Wiederholung zum Automatismus bzw. zur Lebensregel wird.

Wenn die in Bildung befindliche Kette durch Kettenglieder einer äußeren Kette beeinflußt wird, können verschiedene Fälle eintreten (vgl. Cours théorique et pratique de la connaisance de l´ enfant. L´ exemple. In: L´ E 10/Febr/1954):

1. Ein Kettenglied ist im Begriff, durch die ersten Tastversuche zu entstehen. Wenn sich dabei ein Kettenglied einer anderen Kette anbietet, das exakt in die eigene Kette paßt, nimmt das Individuum es auf, geradeso, als wenn es auf seinem eigenen Tasten beruhte.

2. Die eigene Kette ist bereits verformt bzw. die Kettenglieder der eigenen Kette sind nur unvollständig befestigt. In diesem Fall kann das neue Kettenglied sich nur unvollkommen einfügen. Das neu hinzugekommene Kettenglied kann nur dann seine volle Wirksamkeit entfalten, wenn die eigene Lebenskette des Individuums stabil gebaut ist.

3. Das Individuum verfügt über eine nahezu inexistente eigene Kette. Die fremden Kettenglieder fügen sich mehr oder weniger gut ein, sind aber so zahlreich und im

Vergleich zu den eigenen Kettengliedern dermaßen bedeutend, daß der eigene Charakter der Lebenskette des Individuums nahezu völlig verlorengeht. Das Verhalten des Individuums ist fast ausschließlich durch Nachahmung und Bevollmächtigung bestimmt. Einen Grund hierfür sieht Freinet in der wachsenden Zahl an Imitationsmöglichkeiten, die sich dem Individuum, insbesondere vermittelt durch die Medien, anbieten.

4. Das Individuum hat seine Kette bereits völlig fertig gestaltet. In diesem Fall sind die eigenen Kettenglieder bereits hinreichend verankert und verstärkt, so daß das Beispiel kaum mehr einen Einfluß hat.

2.2.2.5 Bewußtsein, Sprache und Wissenschaft

Bewußtsein ist für Freinet keine dem Menschen spezifische oder von außen an ihn herangetragene Fähigkeit (vgl. Deux voies en psychologie comme en pédagogie. In: L´ E 10/ Febr/1951), auch wenn sie als das pötzliche Hervortreten einer neuen Qualität erscheint.

> Das, was wir Bewußtsein nennen, ist das in Erscheinung treten dieser vielen Strebungen; in einem elektrischen Mechanismus wäre es die Bewegung, die er auslöst. Aber nur der Konstrukteur kennt die Wege des Bündels der Verbindungen und Schaltungen, die von der einfachen Fühlungnahme hin zum komplexen Akt führen. (EPSI, 110. Übers. R. K.)

Bewußtsein ist das Resultat komplexer Verbindungen und Schaltungen auf der Grundlage experimentellen Tastens. Unterbewußtsein demgegenüber ist für Freinet das Bündel der verdrängten und umgeleiteten Verbindungen und Schaltungen, die von außen nicht zugänglich sind (vgl. EPSI, 110 f).

Insofern für Freinet das Wort und die Sprache die höchstentwickelten Werkzeuge des Menschen darstellen, kann man folgern, daß die Erschließung des Bewußtseins im Verständnis Freinets über die Sprache erfolgt. Unter Bezugnahme auf Pawlow weist Freinet selbst auf die Gefahr hin, die entsteht, wenn die Sprache, das zweite Signalsystem Pawlows, unabhängig vom ersten, das zu seiner Entstehung beigetragen hat und auf das es bezogen bleiben muß, agiert (vgl. L´ E 11/März/1952, 350; vgl. auch EPSII, 131 ff), d. h., wenn die Sprache ihren sozialen, situativen und emotionalen Bezug verliert.

Indem Freinet dem Wort und der Sprache nicht nur wie Pawlow für die Systematisierung von Erfahrung[61], sondern bereits für die Entstehung und Herausbildung von Erfahrung und Bewußtsein zentrale Bedeutung zuschreibt, geht er über den Ansatz

---

[61] Vgl. Luria (1959). In: Bruner, J. S.: Der Akt der Entdeckung (1961). In: Neber, H. (Hrsg): Entdeckendes Lernen, Weinheim und Basel 1981, 15 - 29, hier: 24

passiver Konditionierung Pawlows, der das Individuum als bloßen Empfänger von Sinneserfahrungen oder Umweltinformationen betrachtet, hinaus.[62]

> Wir haben lang und breit aufgezeigt und nachgewiesen, daß Erziehung und Bildung in erster Linie *Erfahrung* sind und daß diese Erfahrung nur mit Werkzeugen und Techniken entsteht. (Technique Freinet ou méthode Freinet. In: L´ E 25/Juni/1956, 197. Übers. R. K.)

Auf dem Weg experimentellen Tastens als sprachlichem Prozeß konstruiert der Mensch - in einem komplexen und synthetischen Prozeß der Bewußtmachung - die wesentlichen Charakteristika der Dinge und Lebewesen, die ihn umgeben, wie auch die Beziehungen zwischen ihnen einerseits, zwischen ihnen und ihm selbst andererseits. Ist dieser Prozeß zu einem *vorläufigen* Abschluß gekommen und im Bewußtsein bzw. in der Erfahrung der Menschen festgeschrieben, tritt für Freinet die *Wissenschaft* bzw. das *wissenschaftliche Experimentieren* an die Stelle des experimentellen Tastens (vgl. EPSII, 114; auch 137).

Wissenschaft als sprachlich - methodische Absicherung experimentellen Tastens, das sich als wirksam erwiesen hat, ist für Freinet die entscheidende Überlegenheit, die den Menschen dem Tier gegenüber auszeichnet (vgl. EPSII, 114). Im Unterschied zu Pawlow sind für Freinet die Wissenschaft bzw. die Anwendung wissenschaftlicher Methodik jedoch nicht die letzte Instanz. Sie müssen sich ausgehend vom Prozeß des experimentellen Tastens immer wieder neu relativieren und an ihm orientieren. Beide Prozesse, das experimentelle Tasten oder wissenschaftliche Forschen und das wissenschaftliche Experimentieren, bleiben ständig aufeinander bezogen und verwiesen (vgl. auch LTE, 51).

2.3 *Tâtonnement expérimental* und die genetische Psychologie Piagets

Gegen den traditionellen Empirismus mitsamt seiner Folgeerscheinung: der Routine, der alle Erkenntnis aus den Sinneserfahrungen und damit den Objekten selbst ableitet, und der dem Subjekt eine statische und passive Rolle zuschreibt, betont Freinet die kindliche Eigentätigkeit und stellt die Notwendigkeit, die SchülerInnen in ihrer Eigentätigkeit zu unterstützen, als Grundbedingung für Unterricht und Erziehung heraus (vgl. auch BENP 36, 4). Das damit gegebene Vorhaben, das Verhalten des Kindes in seiner Dynamik zu

---

[62] Vgl. in diesem Zusammenhang Wallon, H.: Freinet et la psychologie. In: L´ école et la nation, 15/Febr/1953, 26 - 28, hier: 28. Wallons Mißverstehen des Freinetschen Erfahrungsbegriffs im Pawlowschen Sinne (vgl. ebd., 1. Spalte) erklärt, daß Wallon die Bedeutung der Sprache im Werk Freinets nicht angemessen einschätzt (vgl. ebd., 1. - 3. Spalte).

erfassen und zu fördern (vgl. zweites Gesetz: Der dynamische Charakter des Lebens[63]), erfordert ein geeignetes Verfahren, das nicht analytisch - statisch verfährt und eine Praxis hervorbringt, in der man durch Kombination meßbarer und als gesichert postulierter Erkennt- nisse zu bereits voraussehbaren Ergebnissen zu gelangen glaubt (vgl. OPII, 211), das sich aber auch nicht in der komplexen Relativität der erhaltenen Resultate verliert.

> Es ist die Schwierigkeit, eine Forschungstechnik für das sich in Bewegung befindliche Wesen zu finden, die komplexe Relativität der erhaltenen Resultate, im Gegensatz dazu die Bequemlichkeit der analytischen und statischen Forschung, die die Tastversuche und die ersten Anfänge einer genetischen Psychologie und Pädagogik erklärt, die sich langsam aus dem formellen Nebel der Verschulung ablösen. (EPSI, 18 f. Übers. R. K.)

Die genetische Psychologie Jean Piagets, die sich um die Untersuchung der empirisch erfaßbaren Grundlagen der Intelligenz und der Denkprozesse beim Kind bemüht[64] und eine biologische Erklärung der Erkenntnis[65] und damit des Lehrens und Lernens entwickelt, ist für Freinet ein erster konstruktiver Neuansatz, mit dem er sich beständig auseinandersetzt.

So hebt Freinet in einem Artikel vom März 1925, einer Rezension des ersten Werks Piagets: Le langage et la pensée chez l´ enfant/Sprechen und Denken des Kindes, das methodische Verfahren Piagets: die klinische Methode, die, so Freinet, nicht nur das Sprechen der Kinder analysiert, sondern die Kinder selbst zum Sprechen bringt, zunächst ganz positiv hervor (vgl. Ecole Emancipée 24/März/1925, 298; wiederveröffentlicht in: EE).

Die klinische Methode Piagets versucht in Anlehnung an die in der Psychoanalyse und Psychiatrie angewandten Verfahren, die positiven Elemente der Tests und der direkten Beobachtung zu vereinigen und ihre jeweiligen Mängel auszugleichen. Die spontanen kindlichen Vorstellungen von der Welt in den verschiedenen Stadien ihrer intellektuellen Entwicklung sollen durch eine freie Unterhaltung mit ausgewählten Kindern ausgehend

---

[63] Zweites Gesetz: Der dynamische Charakter des Lebens: Das Leben ist kein Zustand, sondern ein Werden. Es ist dieses Werden, das unsere Psychologie in Schwung bringen muß, um unsere Pädagogik zu beeinflussen und zu leiten (EPSI, 20. Übers. R. K.).

[64] Vgl. Jörg, H.: Von Georg Kerschensteiner zu Célestin Freinet. In: Forum Pädagogik 1/1989, 3 - 10, hier: 6

[65] Vgl. Fatke, R.: Jean Piaget (1896 - 1980). In: Scheuerl, H. (Hrsg.): Klassiker der Pädagogik. Band II, München 1991, 290 - 314, hier: 292

von kindertümlichen Fragen und durch scharfsinnige Interpretation der jeweiligen Antworten ergründet werden.[66]

Bei aller Würdigung weist Freinet den Ansatz Piagets jedoch aufgrund seiner hermetischen Geschlossenheit, der Künstlichkeit der gestellten Probleme und der erhaltenen Resultate (vgl. z. B. L´ E 3/Nov/1951, 94 f) und insbesondere aufgrund der ihm zugrundeliegenden Vorannahme[67], das menschliche Lernen sei ein von Grund auf intelligentes Verhalten, mehr und mehr als intellektualistisch zurück (vgl. z. B. BENP 36, 5; L´ imitation. In: L´ E 2/Okt/1948).

Auch wenn Piaget vor jeglichem begrifflichen und überlegenden Denken beim Baby die Entwicklung einer sensomotorischen oder praktischen Intelligenz annimmt, die bereits auf der Ebene des Handelns imstande ist, eine komplette Weltanschauung zu erstellen[68], und Freinet andererseits herausstellt, daß beim neugeborenen Kind das mechanische, ausschließlich physiologisch und physisch begründete Tasten (vgl. fünftes Gesetz[69]) bereits nach kurzer Zeit in intelligentes Tasten übergeht (vgl. EPSI, 58), betont Freinet gegen Piaget ausdrücklich, im Kind keinen besonderen Prozeß, der von einer der menschlichen Natur spezifischen Intelligenz getragen würde, gefunden zu haben (vgl. EPSI, 86).

Piaget seinerseits stellt in seinem 1965 erschienen Beitrag *Erziehung und Unterricht seit 1935*[70] *in Zusammenhang mit seiner Vorstellung von den aktiven Methoden* die bedeutsame persönliche Initiative und das bemerkenswerte Werk von Freinet heraus und verweist vor allem auf die Schuldruckerei, mit der Freinet, ohne ausdrücklich das Ziel einer Verstandeserziehung anzusteuern, die beiden zentralsten Wahrheiten der Psychologie der Erkenntnisfunktionen vereint habe: daß die Entwicklung der Verstandesoperationen auf der tatsächlichen Aktion im weitesten Sinne beruhe und daß

---

[66] Vgl. auch Piaget, J.: Die Probleme und die Methoden. In: Piaget, J.: Das Weltbild des Kindes, Stuttgart 1978, 13 - 37

[67] Vgl. auch Loch, W.: Vorwort. In: Piaget, J.: Sprechen und Denken des Kindes, Düsseldorf 1979, 9 - 12, hier: 10

[68] Vgl. Piaget, J.: Theorien und Methoden der modernen Erziehung, Wien, München, Zürich 1972, 165

[69] Fünftes Gesetz: Beim neugeborenen Kind ist das Unvermögen ausschließlich physiologisch und physisch. Das Kind versucht, ihm durch ausschließlich physiologische und physische Reaktionen und Zuflüchte zu begegnen. Es gibt am Anfang keinen psychischen Mangel, der in der Lage wäre, bestimmte komplexe Reaktionen anzuregen (EPSI, 38. Übers. R. K.).

[70] Vgl. Piaget, J.: Erziehung und Unterricht seit 1935. In: Piaget, J.: Theorien und Methoden der modernen Erziehung, Wien, München, Zürich 1972, 13 - 137. Die Didaktik ist der einzige Bereich, für den Piaget selbst ausführlich Folgerungen aus seiner Theorie abgeleitet hat. Vgl. Fatke, R.: Jean Piaget (1896 - 1980). In: Scheuerl, H. (Hrsg.): Klassiker der Pädagogik. Band II, München 1991, 290 - 314, hier: 309

die allgemeine (interindividuelle wie intraindividuelle) Koordinierung der Aktionen als Grundlage der Logik notwendigerweise eine soziale Dimension enthalte.[71]

Indem Piaget jedoch davon ausgeht, daß Freinet seine Praxis vor allem aus sozialen Gründen heraus begründet, den Hauptwert auf die Vermittlung durch die LehrerInnen gelegt und sich nicht sonderlich um Kinderpsychologie bekümmert habe[72], macht er deutlich, daß er das grundlegende Anliegen und das Werk Freinets nicht kennt.

Die Theorie Freinets und die Theorie Piagets unterscheiden sich in zentralen Punkten. In der Frage der *Kontinuität* oder *Diskontinuität* in der Entwicklung und damit zusammenhängend in der Frage der *Zielgerichtetheit* der Entwicklung sowie in der Frage, wie das *Verhältnis von Pädagogik und Psychologie* näher zu bestimmen ist. Indem Freinet, anders als die klassische Reflexlehre und hier wie Piaget, die Aktivität des Kindes betont, jedoch keine qualitativ verschiedenen Stufen und kein Idealziel der Entwicklung annimmt, ist das Kind für Freinet in einer neuen und radikalen Weise Konstrukteur seiner selbst. Von hierher ergibt sich, daß Freinet eine Anwendung entwicklungspsychologischer Erkenntnisse auf die Unterrichtspraxis zurückweist.

2.3.1 Kontinuität oder Diskontinuität in der Entwicklung?

Während Piaget davon ausgeht, daß die Entwicklung des Kindes als ein *aktiver Anpassungsprozeß*[73] an die Umwelt mit dem Ziel der Wiederherstellung des Gleichgewichts bzw. der kognitiven Balance (Äquilibration) durch die zwei einander

---

[71] Vgl. Piaget, J.: Erziehung und Unterricht seit 1935. In: Piaget, J.: Theorien und Methoden der modernen Erziehung, Wien, München, Zürich 1972, 13 - 137, hier: 78 f

Vgl. auch Schlemminger, G.: Le mouvement des réformes pédagogiques des années vingt - trente: un bouleversement des pratiques et théories pédagogiques. In: Bruliard, L., Schlemminger, G.: Le mouvement Freinet: des origines aux années quatre - vingt, Paris: L´Harmattan 1996, 89 - 114, hier: 105 - 108. Schlemminger stellt die Gesamtheit der Paradigmen vor (89 - 114), die den verschiedenen Reformansätzen zu Beginn des zwanzigsten Jahrhunderts zu Grunde liegen und deren Kenntnis ein besseres Verständnis der Entstehung und Entwicklung der Pädagogik Freinets ermöglichen soll. Schlemminger geht an anderer Stelle davon aus, daß der Begriff *tâtonnement expérimental,* Freinets Begriff des experimentierenden, entdeckenden, forschenden Lernens, sich hauptsächlich an die entwicklungspsychologischen Untersuchungen Piagets anlehnt. Vgl. Schlemminger, G.: Freinet - Pädagogik (auch) ein Ansatz für den Fremdsprachenunterricht? In: Fremdsprachen. Lehren und Lernen, 25. Jahrgang/1996, 87 - 105, hier: 96

[72] Vgl. Piaget, J.: Erziehung und Unterricht seit 1935. In: Piaget, J.: Theorien und Methoden der modernen Erziehung, Wien, München, Zürich 1972, 13 - 137, hier: 78 f

[73] Vgl. Mussen P. H., Conger, J. J., Kagan, J., Huston, A. C.: Die kognitive Entwicklung: Piaget und danach. In: Mussen P. H., Conger, J. J., Kagan, J., Huston, A. C.: Lehrbuch der Kinderpsychologie. Band 1, Stuttgart 1993, 291 - 331, hier: 300 ff

ergänzenden Prozesse der Assimilation und Akkomodation *diskontinuierlich*[74] *in vier verschiedenen Stufen verläuft, die durch qualitativ* neue und andere Fähigkeiten und Verhaltensmuster gekennzeichnet sind: der sensomotorischen Stufe (0 - 18 Monate), der Stufe des präoperatorischen (18 Monate - 7 Jahre), konkret - operatorischen (7 - 12 Jahre) und formal - operatorischen Denkens (ab dem 12. Lebensjahr)[75], wobei die Abfolge der Stufen *unveränderlich* (invariant) ist, betont Freinet den *kontinuierlichen* und stetigen Prozeß des experimentellen Tastens als Grundlage der gesamten Entwicklung (vgl. EPSII, 71)[76] und weist von hierher auf die immense Bedeutung der ersten Jahre und der ersten Stunden und der frühkindlich gemachten Erfahrungen hin (vgl. L´ importance primordiale des toutes premières années. In: L´ E 18/Juni/1949).

Piagets Beschreibung der kindlichen Entwicklung als einer Abfolge verschiedener Niveaus kognitiver Strukturen setzt für die jeweils höhere Stufe die vorangehende Stufe voraus, wobei die höhere Stufe die vorangehende aufhebt, indem sie sie in sich aufnimmt und im Sinne eines ausgewogeneren Gleichgewichts neu organisiert. Die Operationen der zweiten und dritten Stufe sind konkret, da sie sich unmittelbar auf Gegenstände beziehen und noch nicht auf verbal formulierte Hypothesen wie die Operationen der vierten Stufe. Sie bilden den Übergang zwischen der Aktion (erste Stufe) und den allgemeineren logischen Strukturen (vierte Stufe). Von der zweiten zur dritten Stufe wiederholt sich nach Piaget im Denken genau das, was sich ansatzweise schon auf der sensomotorischen Stufe vollzogen hat: der Übergang von einer Zentrierung auf das Subjekt (Egozentrismus) zu einer Dezentrierung, d. h. einer gedanklich vollzogenen Scheidung zwischen dem Subjekt und der Welt.

Die soziokulturelle Umwelt hat nach Piaget keinen entscheidenden Einfluß auf die Stufenabfolge der Entwicklung. Als entscheidend für den Aufbau der kognitiven Strukturen nennt Piaget neben der Äquilibration drei weitere Faktoren, die nach Fatke gleichsam *Entwicklungsprinzipien* darstellen[77]: das organische Wachstum und die

---

[74] Vgl. Mussen P. H., Conger, J. J., Kagan, J., Huston, A. C.: Kontinuität und Diskontinuität in der Entwicklung. In: Mussen P. H., Conger, J. J., Kagan, J., Huston, A. C.: Lehrbuch der Kinderpsychologie. Band 1, Stuttgart 1993, 9 - 11

[75] Vgl. Mussen P. H., Conger, J. J., Kagan, J., Huston, A. C.: Die kognitive Entwicklung: Piaget und danach. In: Mussen P. H., Conger, J. J., Kagan, J., Huston, A. C.: Lehrbuch der Kinderpsychologie. Band 1, Stuttgart 1993, 291 - 331, hier: 303

[76] Vgl. auch Freinets Auseinandersetzung mit Wallon. In: L´ E 14/April/1949 (Le comportement émotionnel). Zwischen den geistigen Fähigkeiten und dem Automatismus besteht für Wallon eine radikale Unvereinbarkeit und ein wechselseitiger Ausschluß. Vgl. auch Wallon, H.: Freinet et la psychologie. In: L´ école et la nation, 15/Febr/1953, 26 - 28, hier: 28, 2./3. Spalte

[77] Vgl. Fatke, R.: Jean Piaget (1896 - 1980). In: Scheuerl, H. (Hrsg.): Klassiker der Pädagogik. Band II, München 1991, 290 - 314, hier: 299 - 308

Reifung des Komplexes Nervensystem - Hormonsystem, den handelnden Umgang mit Gegenständen, d. h. Übung und Erfahrung, sowie die sozialen Interaktionen.

Das experimentelle Tasten begründet einen hierarchisch verlaufenden kontinuierlichen Konstruktionsprozeß, der auf der einen Seite durch das Tasten, auf der anderen Seite durch das Wiederholen gekennzeichnet ist. Die auf diese Weise erworbenen Automatismen bilden die Ausgangspunkte für jeweils neue Tastversuche. Den Erwerb eines Automatismus vergleicht Freinet mit der Errichtung einer Etage eines Baugerüstes beim Bau eines Gebäudes (vgl. z. B. LTE, 61; OPII, 213), d. h., die Abfolge, in der bestimmte Automatismen im Laufe der kindlichen Entwicklung erworben werden, ist nicht beliebig (vgl. BENP 36, 31). Das Wiederholen, das Freinet auch als methodische Schulung bezeichnet, wird als Arbeit bzw. *Arbeits - Spiel* (travail - jeu) betrachtet, wenn es mit dem alleinigen Ziel des Erwerbs des Automatismus erfolgt, als Spiel bzw. *Spiel - Arbeit* (jeu - travail), wenn es zugleich ein außerhalb seiner selbst gelegenes Ziel verfolgt (vgl. BENP 36, 31 f). Der Vorgang des Wiederholens ist damit, d. h. unter dem Aspekt des Spielerischen betrachtet, nicht bloßer Nachvollzug erfolgreichen Tastens, nicht nur Informationsverarbeitung, sondern unter Maßgabe eigener Vorerfahrungen und Verhaltensmuster Informationsverwandlung bzw. -konstruktion.[78] Die automatisierten und systematisierten Verhaltensweisen erscheinen wie eine natürliche Veranlagung des Individuums und können nicht wieder zurückgenommen werden, ohne dem Gleichgewicht des Individuums schweren Schaden zuzufügen (vgl. EPSI, 44 f).

Die geistige Struktur des Menschen und die höheren menschlichen Fähigkeiten sind für Freinet ebenfalls Resultat experimentellen Tastens. Als entscheidende Komponenten betrachtet Freinet dabei (vgl. auch viertes Gesetz[79]) die physiologische Konstitution des Kindes und das soziale Umfeld[80], das auf diese Konstitution und das genetisch vorgegebene Potential prägend, fördernd oder hemmend, Einfluß nimmt (vgl. EPSI, 36 f). Ein differenziertes und förderndes Umfeld ist besonders in der frühen Kindheit, in der sich durch Wiederholung erfolgreichen Tastens die Lebensregeln herausbilden (vgl. EPSI, 137), von zentraler Bedeutung. Die später erfolgende Fixierung von Lebensregeln zu Lebenstechniken unterliegt für Freinet ebenfalls den Gesetzmäßigkeiten des

---

[78] Zur konstruktiven Dimension des Spiels vgl. Fritz, J., Theorie und Pädagogik des Spiels, Weinheim 1991, 128 f

[79] Viertes Gesetz: In dem Maße, wie das Individuum physiologisch und physisch stark ist, und in dem Maße, wie zugleich das Umfeld, die Erwachsenen, die jeweiligen Gruppen, die soziale Organisation, sein Bedürfnis nach Steigerung der Lebenskraft ungeteilt unterstützen, kann das Individuum sich in individueller und sozialer Harmonie entfalten (EPSI, 37. Übers. R. K.).

[80] Vgl. auch Dichgans, J.: Die Plastizität des Nervensystems. Konsequenzen für die Pädagogik. In: Zeitschrift für Pädagogik 2/1994, 229 - 246, hier: 229. Dichgans weist darauf hin, daß genetische Faktoren *und* Umweltfaktoren für Struktur und Funktion des Nervensystems bestimmend sind. Eine Tatsache, die in jüngster Zeit zunehmend erkannt wird.

experimentellen Tastens (vgl. Cours théorique et pratique de la connaissance de l' enfant. Les recours - barrières. In: L' E 12/März/1954) und ist vorrangig Folge von Wechselwirkungen zwischen Individuum und sozialem Umfeld (vgl. EPSI, 138 f; 166).

Weiter weist Freinet in diesem Zusammenhang auf die Bedeutung der *Emotionen* hin, die er als Ungleichgewichte definiert, die das physiologische und psychische Gleichgewicht des Individuums mehr oder weniger tiefgreifend stören (vgl. Le comportement émotionnel. In: L' E 14/April/1949), und somit durch neue Tastversuche bewältigt werden müssen und das Verhaltensspektrum des Menschen bis in seine geistige Struktur hinein erweitern.

Freinet veranschaulicht den Prozeß des experimentellen Tastens wiederholt in Form einer Skizze (vgl. z. B. OPII, 213, 215, 217; BENP 36, 31). Das experimentelle Tasten (hier unter Verwendung des alten Begriffs *expérience tâtonnée)* wird z. B. bezogen auf die Entwicklung des Kindes dargestellt (vgl. BENP 36, 31).

Freinet bezeichnet den Erwerb spezifischer Fähigkeiten wie z. B. Saugen, Greifen oder auch Sprechen anders als Piaget nicht als Herausbildung von Schemata, sondern als das Beherrschenlernen von Werkzeugen *(la maîtrise des outils)* zur Konstruktion der Persönlichkeit (vgl. auch La notion d' outil. In: L' E 4/Nov/1948). Die spielerische Wiederholung dient dann der Erreichung des Automatismus *(répétition - jeu pour acquérir l' automatisme)*.

Während Piaget davon ausgeht, daß Erkenntnis aus Wechselwirkungen zwischen Subjekt und Objekt resultiert, wobei die für die ersten Anfänge der kindlichen Entwicklung notwendigen vermittelnden Instrumente, die späteren Schemata, in der Berührungszone zwischen dem eigenen Körper und den umgebenden Dingen reifen und sich dann in zwei komplementären Richtungen nach innen und nach außen erweitern[81], stellt Freinet dagegen ausdrücklich heraus, daß sich die erste Bewegung des Kindes und seine ersten Reaktionen nach außen richten, nicht nach innen (vgl. BENP 36, 26).

Auch Freinet nimmt qualitative Veränderungen im Verhalten an, die er in die drei Phasen: *prospection tâtonnée*: tastendes Ausschauhalten, *aménagement*: Sich - Einrichten und *travail*: Arbeit faßt (vgl. EPSII, 71 - 77). Die *erste Phase* umfaßt im Wesentlichen das Sich - Vertrautmachen des Kindes mit seiner Umgebung. Sie ist etwa mit dem Ende des ersten oder dem Beginn des zweiten Lebensjahres, wenn das Kind in der Lage ist, mit den Händen anfanghaft konstruktive Tätigkeiten durchzuführen, beendet. Die *zweite Phase* dauert etwa bis zum vierten Lebensjahr. Das Kind beginnt, sein Leben zu organisieren und die Dinge im Sinn seiner Bedürfnisse zu nutzen, wobei es aber noch

---

[81] Vgl. Piaget, J.: Abriß der genetischen Epistemologie, Olten 1974, 31 f. Zit. in: Fatke, R.: Jean Piaget (1896 - 1980). In: Scheuerl, H. (Hrsg.): Klassiker der Pädagogik. Band II, München 1991, 290 - 314, hier: 302

ganz mit sich selbst beschäftigt ist und nicht aus sich herausgeht. Die *dritte Phase* beginnt etwa mit dem fünften Lebensjahr. Das Kind versucht nun, die Umgebung zu beherrschen und seine Kraft zu vergrößern. Die dritte Phase wird von Freinet noch einmal unterteilt in die *Phase der Rückschläge* (bis etwa zum zehnten Lebensjahr) und die *Phase der Arbeit i. e. S.*, in der das Leben in seiner Komplexität in Angriff genommen und beherrscht werden kann (vgl. Connaissance de l' enfant. In: L' E 2/0kt/1951).

Diese drei Phasen mit den ihnen zugeordneten Verhaltensweisen sind alle durch das experimentelle Tasten begründet. Sie sind *nicht* unveränderlich; sie überschneiden und überlagern sich und können in ihrer Abfolge variieren. Sie können einerseits der Kleinkind-, Kindergarten- und Schulzeit zugeordnet werden und charakterisieren zugleich das Verhalten Erwachsener (vgl. EPSII, 71 - 77; MFS, 29 - 32). Damit legt Freinet den Schluß nahe, daß die sich vor allem in der Kinder- und Jugendzeit als Phasen herauskristallisierenden Verhaltensweisen nicht entwicklungsbedingt, sondern in hohem Maße sozial- und institutionell bedingt sind.

Freinet grenzt das *aménagement*: das Sich - Einrichten, das er als eine *bewußte* Beschäftigung mit sich selbst und seiner momentan lebensnotwendigen Aufgabe interpretiert (vgl. MFS, 29 f; IAP, 157; OPII, 278), ausdrücklich von dem von Piaget postulierten kindlichen Egozentrismus ab.

> Man nennt es (das Kind, R. K.) egozentrisch, weil es noch nicht gelernt hat,
>
> sein Ich willkürlich von der äußeren Umgebung zu trennen. Und das, wo doch
>
> alles, was unsere menschliche Überlegenheit ausmacht, sich in uns vollzieht
>
> und nicht außerhalb von uns. (IAP, 157. Übers. R. K.)

Das spezifische Merkmal des kindlichen Egozentrismus, auch des sozialen, liegt nach Piaget auf der intellektuellen Ebene[82] und ist eine vorkritische und vorobjektive Haltung der Erkenntnis - sowohl bezüglich des Erkennens der Natur als auch des Erkennens der anderen oder des Erkennens des eigenen Ich -, eine Abwesenheit aller intellektuellen Relativität[83]. Neuere Untersuchungen zur kindlichen Egozentrik zeigen,[84] daß das Kind sehr wohl in der Lage ist, einen Perspektivwechsel vorzunehmen. Sie zeigen Mängel in der Untersuchungsmethodik Piagets, u.a. bei der Erfassung impliziten Wissens.

---

[82] Vgl. Piaget, J.: Der intellektuelle Egozentrismus des Kindes. In: Piaget, J.: Sprechen und Denken des Kindes, Düsseldorf 1979, 80 - 92, hier: 84 f

[83] Vgl. Piaget, J.: Der intellektuelle Egozentrismus des Kindes. In: Piaget, J.: Sprechen und Denken des Kindes, Düsseldorf 1979, 80 - 92, hier: 80 f, 82

[84] Vgl. Mussen P. H., Conger, J. J., Kagan, J., Huston, A. C.: Die kognitive Entwicklung: Piaget und danach. In: Mussen P. H., Conger, J. J., Kagan, J., Huston, A. C.: Lehrbuch der Kinderpsychologie. Band 1, Stuttgart 1993, 291 - 331, hier: 317 f

2.3.2 Zielgerichtetheit der Entwicklung?

Die Frage nach der *Kontinuität* oder *Diskontinuität* in der Entwicklung steht in engem Zusammenhang mit der Frage der *Zielgerichtetheit* der Entwicklung.

In Auseinandersetzung mit dem Werk Piagets (1946/1955): *Le développement de la notion du temps chez l' enfant/Die Bildung des Zeitbegriffs beim Kind* arbeitet Freinet den fundamentalen Fehler der Piagetschen Psychologie heraus. Dieser liegt für ihn darin, daß Piaget den Begriff der Zeit - wie auch die anderen Fähigkeiten, die Gegenstand seiner Untersuchungen sind - zu einem Ausgangspunkt erklärt, auf den das Kind sich aktiv zubewegt:

> ... als wäre der Begriff der Zeit eine spezielle Funktion des Geistes, der sich
>
> nach Gesetzmäßigkeiten entwickelt, die es nur zu entdecken und zu präzisieren
>
> gilt. (Principes fondamentaux d' une nouvelle psychologie. In: L' E
>
> 8/Jan/1950. Übers. R. K.)

Im Gegensatz zum Apriorismus, der die Erkenntnis aus Strukturen ableitet, die im Subjekt prädeterminiert sind, wobei mit Strukturen vor allem die Kategorien Raum, Zeit und Kausalität gemeint sind, die den Objekten der Wahrnehmung aufgezwungen werden, geht Piaget aufgrund seiner genetischen Betrachtungsweise davon aus, daß das erkennende Subjekt diese Strukturen erst nach und nach im handelnden Umgang mit den Objekten aufbaut, hält jedoch daran fest, daß Strukturen im Subjekt die Erkenntnis überhaupt erst ermöglichen.[85]

Für Freinet ist der Begriff der Zeit eine Funktion des experimentellen Tastens und der langen und langsamen Erfahrungen, die das Individuum macht, um sich im komplexen Leben zurechtzufinden. Der Begriff der Zeit ist dabei nicht nur abhängig vom Grad der *Durchlässigkeit für Erfahrung*, sondern ganz entscheidend von den Schwierigkeiten oder *Hindernissen*, die das Individuum zu überwinden hat. Anstatt Entwicklungsstufen im Verhalten des Kindes festzulegen, definiert und bestimmt Freinet in einer *Stufenleiter des Zeitbegriffs* die Abfolge und den Grad der Schwierigkeiten, die sich dem Individuum in dem Maße stellen, wie seine Lebenserfahrung zunimmt, und hält hier eine Einbeziehung der klinischen Methode Piagets durchaus für möglich (vgl. Principes fondamentaux d' une nouvelle psychologie. In: L' E 8/Jan/1950; vgl. auch L' E 3/Nov/1951, 95).

Erfahrung im Verständnis Freinets ist nicht identisch mit dem, was Piaget mit

---

[85] Vgl. Fatke, R.: Jean Piaget (1896 - 1980). In: Scheuerl, H. (Hrsg.): Klassiker der Pädagogik. Band II, München 1991, 290 - 314, hier: 299 f

handelndem Umgang meint. Der handelnde Umgang mit den Dingen, eines von vier Entwicklungsprinzipien beim Aufbau der kognitiven Strukturen, ist für Piaget vor allem Spiel, so daß Wygotski das Kind im Verständnis Piagets zu Recht als erfahrungsblind charakterisiert.[86] Piaget geht davon aus, daß das Kind niemals wirklich mit den Dingen in Berührung kommt, daß es nicht arbeitet, sondern mit den Dingen spielt, sie glaubt, ohne sie zu untersuchen, und daß auch vorübergehender oder teilweiser Kontakt mit der Wirklichkeit in keiner Weise auf die allgemeine Richtung seines Denkens zurückwirkt[87], anders gesagt: daß der Prozeß des Aufbaus von Strukturen durch Lernen nicht beeinflußt werden kann.[88]

Demgegenüber ist Erfahrung auf dem Weg experimentellen Tastens ein offener Prozeß, ein Sich - Auseinandersetzen mit der Sache, ein tastendes Sich - heranarbeiten an eine Sache oder an einen Gegenstand[89], wobei das Individuum geeignete Stellen ertastet, sogenannte *Breschen*, die einen Zugang zu dem jeweiligen Gegenstand oder Sachverhalt ermöglichen und die im gesamten Organismus eine *Neigung* eröffnen, die entsprechende Verhaltensweise auch bei anderen Gelegenheiten einzusetzen (vgl. EPSI, 98 ff), so daß Freinet den Erwerb spezifischer Fähigkeiten und Fertigkeiten nicht einem jeweiligen kindlichen Alter, sondern den jeweils gemachten Erfahrungen zuordnet.

2.3.3 Didaktische Anwendung der Psychologie?

Freinet betont die Erfahrungsoffenheit des kindlichen Konstruktionsprozesses und die Eigenständigkeit der Pädagogik als Wissenschaft und wendet sich von daher in seiner Rezension der *Psychologischen Didaktik,* der *Anwendung der Psychologie Jean Piagets auf die Didaktik* von Hans Aebli[90] (vgl. Freinet: Hans Aebli: Didactique psychologique.

---

[86] Vgl. Wygotski, L. S.: Denken und Sprechen, Frankfurt a. M. 1979, 62

[87] Vgl. Piaget, J.: Urteil und Denkprozeß des Kindes, Düsseldorf 1972. Zit. in: Wygotski, L. S.: Denken und Sprechen, Frankfurt a. M. 1979, 62. Vgl. dieses auch *gegen* Bannister/Fransella (1981). In: Krüssel, H.: Konstruktivistische Unterrichtsforschung. Der Beitrag des Wissenschaftlichen Konstruktivismus und der Theorie der persönlichen Konstrukte für die Lehr - Lern - Forschung, Frankfurt a. M. 1993, 161. Bannister/Fransella sehen die von Piaget beschriebenen Entwicklungsstufen aus konstruktpsychologischer Sicht als mit der Erfahrung und nicht als mit dem Alter verbunden an.

[88] Vgl. Messner, R.: Didaktik. Eine Übersicht über ihre Grundprobleme. In: Messner, R., Isenegger, U., Messner, H., Füglister, P.: Kind, Schule, Unterricht. Zum aktuellen Forschungsstand der Didaktik, der Curriculumtheorie und der Theorie der Schule. Mit einer Einleitung von Hans Aebli, Stuttgart 1975, 33 - 84, hier: 69

[89] Vgl. Jörg, H.: Célestin Freinet, die Bewegung *Moderne Schule* und das französische Schulwesen heute. In: Freinet, C.: Die moderne französische Schule, (MFS) Paderborn ²1979, 143 - 257, hier: 163

[90] Die Bedeutung der Piagetschen Theorie für die Unterrichtslehre ist im Vergleich zur allgemeinen

Application à la didactique de la psychologie de Jean Piaget. Paris: Delachaux et Niestlé 1951. In: L´ E 8/Jan/1952, 236 f) gegen eine bloße Anwendung entwicklungspsychologischer Erkenntnisse auf die Unterrichtspraxis und stellt den konstruktiven Charakter der unterrichtlichen Praxis selbst heraus.

Aebli versucht, aus den entwicklungspsychologischen Gesetzmäßigkeiten Piagets bzw. aus der psychologischen Kenntnis der Vorgänge geistiger Formung diejenigen methodischen Maßnahmen abzuleiten, welche für die Entwicklung der Prozesse am besten geeig- net sind. Im Unterricht sollen systematisch Instrumente der Lebensbewältigung, Vorstellungen, Begriffe, Operationen, Strategien des Denkens und des praktischen Verhaltens bzw. Handlungsschemata aufgebaut werden.[91]

Freinet lehnt insbesondere diese mit Aeblis Versuch einhergehende erneute *Verschulung* ab und verweist auf das Leben und den grundlegenden Prozeß des *experimentellen Tastens,* der, so Freinet, mit dem Begriff des *Handelns* nicht hinreichend erfaßt wird und den er in seinem eigenen Werk *Essai de psychologie sensible appliquée a l´ éducation: Versuch einer sensiblen Psychologie*[92] *angewandt auf die Erziehung* aus den vierziger Jahren bereits detailliert dargelegt hat, als den notwendigen Bezugspunkt allen Lehrens und Lernens.

> Piaget hat Recht, wenn er sagt: "Die Bedingung ´sine qua non´ der selbsttätigen Forschung besteht darin, ein Problem klar und lebendig darzulegen. Wenn diese Bedingung nicht verwirklicht ist, muß immer der Lehrer die Aktivität anleiten." In diesem Sinne gehen wir in der Anwendung dieses Prinzips weiter als Piaget und Aebli. Wir wollen das Leben in den Mittelpunkt unseres Unterrichts stellen. Das Leben mit seinen Erfordernissen, aber auch seinen Möglichkeiten, mit seinen universalen und immer gültigen Prinzipien, die definitiv jede Verschulung überbieten. ... die Einführung dieses Prinzips des Lebens - sei es für den naturwissenschaftlichen Unterricht oder für die anderen Disziplinen - könnte die Psychologie und die Pädagogik, von der der Autor uns eine Erklärung zu geben versucht hat, die uns jedoch nicht der Lehre Piagets zu entsprechen scheint, geradezu auf den Kopf stellen. (L´ E 8/Jan/1952, 237, Übers. R. K.)

Wirkung von Piagets Schriften relativ umfassend und auch schon früh herausgearbeitet worden, besonders von Aebli. Vgl. Fatke, R.: Jean Piaget (1896 - 1980). In: Scheuerl, H. (Hrsg.): Klassiker der Pädagogik. Band II, München 1991, 290 - 314, hier: 309

[91] Vgl. Aebli, H.: Psychologische Didaktik. Didaktische Auswertung der Psychologie von Jean Piaget, Stuttgart 1976, 10 ff, 14 ff

[92] Jörg übersetzt *Essai des psychologie sensible* mit *Sinnespsychologie* (vgl. MFS, 21, 22, 29, 53). Näheres hierzu siehe *Einleitung*.

Vor diesem Hintergrund gewinnt die Frage nach der geeigneten Forschungstechnik, um den dynamischen und konstruktiven Charakter des Lebens adäquat zu erfassen, für Freinet noch eine andere, nicht weniger gravierende Dimension, die den Forscher selbst betrifft. Weder die Eltern noch die LehrerInnen und ErzieherInnen können die unaufhörliche Aktivität und ununterdrückbare Dynamik ihrer Kinder nachvollziehen (vgl. EPSI, 19 f). Sie versuchen, diese Dynamik zu steuern und wundern sich zugleich, daß sie ihre Kraft verliert. Vor allem die LehrerInnen, so Freinet, müssen lernen, sich im selben Rhythmus wie die Kinder zu bewegen, sie müssen dieselben Hügel erklimmen und an denselben Abgründen entlanggehen, zufällig in dieselben Sumpflöcher rutschen, dieselben Pannen erleiden und auf dieselbe Weise reagieren. Dann und nur dann, so Freinet, kann man das Leben in seiner Bewegung besser verstehen, es besser verstehen, um ihm besser zu dienen (vgl. EPSI, 20).

2.4 Grundannahmen der Theorie Freinets

1. Die Theorie Freinets vom *experimentellen Tasten* basiert auf einer Sichtweise vom Individuum als *aktivem* Konstrukteur seiner eigenen Reflexe, seiner Lebensregeln und Lebenstechniken. Kern der Theorie Freinets ist die These, daß die Grundlage des Verhaltens durch den Umfang und die Tragweite der in den Automatismus übergegangenen Verhaltensweisen bestimmt ist (vgl. Le comortement emotionnel. In: L´ E 14/1949). Hintergrund bildet die Annahme, daß das Individuum danach strebt, maximale Kraft durch minimalen Energieverbrauch zu erreichen, und von daher dazu neigt, automatisierte Verhaltensweisen einzusetzen (vgl. fünfzehntes Gesetz: Das Gesetz von der Einsparung der Anstrengung. EPSI, 98).

2. Durch die Automatisierung wird ein Teil der konstruktiven Energie des Individuums freigesetzt und kann für genuin neue Tastversuche eingesetzt werden (vgl. Le comortement emotionnel. In: L´ E 14/1949). Intelligente Lebewesen zeichnen sich dadurch aus, daß sie aufgrund der für sie charakteristischen *Durchlässigkeit* oder *Offenheit für Erfahrung,* ein Aspekt, den Freinet als zentrales Element der Theorie von *Versuch und Irrtum* hinzufügt (vgl. OPII, 212; 221) und der seine eigene Theorie begründet, in der Lage sind, neue Verhaltensweisen durch Lernen, d. h. durch Tasten und fortwährendes spielerisches Wiederholen erfolgreichen Tastens (vgl. Pour faciliter, aufgmenter ou réduire le tâtonnement. In: L´ E 10/Febr/1949), zu erwerben.

3. Die *Durchlässigkeit für Erfahrung* steht in direktem Zusammenhang mit der Entwicklung des Gehirns und ist Resultat experimentellen Tastens, langer Erfahrung und Übung und damit zugleich ein Resultat *experimenteller Lehre.* Experimentelle Lehre im

Verständnis Freinets kann von daher auch definiert werden als Versuch, die Zugänglichkeit zu eigenem Tasten und dem Tasten anderer zu fördern.

4. Freinet beschränkt seine Theorie nicht auf beobachtbares Verhalten, sondern bezieht auch nicht unmittelbar beobachtbare geistige Prozesse in seine Theorie mit ein. *Spontaneität* und *Kreativität* in der Theorie Freinets sind damit durch Automatismus oder Mechanismus allein[93], so wie es bezüglich der klassischen Lerntheorien begründet wäre, nicht zu erklären. Das mögliche Spektrum von Kreativität und Spontaneität ist durch den erreichten Stand des automatisierten Verhaltens, die Aktivität des Individuums, den Grad der *Durchlässigkeit für Erfahrung* und die Möglichkeiten, die das jeweilige Umfeld des Individuums bereithält, näher bestimmt.

5. Gemeinsam mit Pawlow und den sich auf ihn beziehenden Vertretern des Behaviorismus geht Freinet von Fragen des *Verhaltens* aus, nicht von Fragen der Intelligenz und des Begriffsvermögens (vgl. OPII, 220 f).

> Wir müssen anerkennen, daß die von Seiten des *Behaviorismus* gegen die traditionelle Pädagogik vorgetragene Anklage ausgezeichnet motiviert ist. ... als wenn die sensiblen Mechanismen der Individuen nur als geschlossener Kreislauf in dem souveränen Gehirn funktionieren würden. (OPII, 220.Übers. R.K.)

So lassen sich auch in der *Praxis* Freinets anfänglich durchaus behavioristische Elemente nachweisen. Die selbstkorrigierbaren Karteikarten (fichiers autocorrectifs) z. B. sind nach eigenen Angaben Freinets zu Anfang in Anlehnung an die Arbeiten Washburnes konzipiert (vgl. OPII, 222).[94] Die Behavioristen, allen voran Skinner, der Vater des programmierten Lernens, haben sich jedoch für Freinet lediglich an der anderen Seite der Extreme angesiedelt (vgl. OPII, 220). Insbesondere für den Spracherwerb weist Freinet die Methodik des Behaviorismus zurück.

> Das Lernen der Wörter, ihr Konditionieren durch Wiederholung, entspricht also nicht den wirklichen Lernvorgängen. Sie (diese Methoden, R. K.) sind von daher, wenn auch nicht radikal zu verurteilen, so doch nur mit äußerster Vorsicht zu gebrauchen. (Freinet. In: OPII, 223. Übers. R. K.)

---

[93] Vgl. in diesem Sinne Wallon, H.: Freinet et la psychologie. In: L´ école et la nation, 15/Febr/1953, 26 - 28, hier: 28

[94] Vgl. auch Schlemminger, G.: Freinet - Pädagogik - (auch) ein Ansatz für den Fremdsprachenunterricht? In: Fremdsprachen Lehren und Lernen, 25. Jahrgang/1996, 87 - 105, hier: 98; Schlemminger, G.: Le fichier autocorrectif: quelques aspects historiques. In: Le Nouvel Educateur 64/1994, 30 f

Vor allem auch kann der Behaviorismus für Freinet nicht als Umsetzung oder Weiterentwicklung der Theorie Pawlows gelten (vgl. Freinet: Bandes enseignantes et programmation; travail individualisé et programmation, Cannes 1964. In: EOZ, 144 - 148, hier: 148). Freinet definiert seine Theorie von den Reflexen im Unterschied zu Pawlow und im Unterschied zu den Behavioristen nicht kausal - mechanistisch und nicht allein aufgrund der erstellten Verbindungen und Schaltungen, sondern ausgehend von der erfolgreich erfolgten aktiven Anpassung des Individuums an den dynamischen Prozeß des Lebens, in den es selbst mit hineingenommen ist.

Von daher ist *Lernen* für Freinet nicht nur ein bloßes Einüben durch Wiederholung und *Lehren* nicht nur ein Organisieren von Bedingungen, um Lernprozesse zu beschleunigen.[95] Alles Lehren und Lernen und alles Wiederholen und Einüben müssen in den Lebenszusammenhang eingebunden werden und sind den Konstruktionsprozessen der Lehrenden und Lernenden selbst unterworfen. Unter diesen Aspekten werden auch die Konzeption der Karteikarten und ihre Einbindung in den Unterrichtsablauf von Freinet immer wieder neu durchdacht (vgl. z. B. L´ E 10/Febr/1963, 1 - 7).

6. Die Zuordnung des intelligenten Tastens im Sinne Freinets zum *Modell des Entdeckungslernens*[96] als einem Modell, das Kontrolle und Vorhersage menschlichen Lernens zurückweist und individueller Initiative Raum gibt, wie es ein Großteil der Eindeutschungen des Freinetschen Begriffs nahelegt, ist nur vordergründig haltbar.

Der Theorie Freinets folgend entdeckt das Kind nicht neue Zusammenhänge, sondern konstruiert sie. Dieser Konstruktionsprozeß wird von Freinet mit einer *eigenen* psychologischen Theorie detailliert beschrieben. Das Modell des Entdeckungslernens dagegen verfügt über keine präzise psychologische Theorie, sondern wird gestützt durch einen lockeren Verbund von Ideen aus der kognitiven Psychologie, aus der Entwicklungspsychologie und der Kreativitätsforschung. Dementsprechend unklar und den jeweiligen Ansätzen entsprechend verschieden ist auch, was überhaupt unter *Entdecken* verstanden wird.[97] Vor al- lem die Theorie Piagets wird zur Bestätigung der Auffassung herangezogen, daß menschliches Lernen mehr sei als die passive und mechanische Aufnahme isolierter Fakten und menschliche Reaktionen mehr seien als bloße Produkte von Verstärkungskontingenten.

Insgesamt stellt das Modell des Entdeckungslernens eine Form dar, mittels derer die

---

[95] Vgl. Nuthall, G., Snook, I.: Das Modell der Verhaltenskontrolle (1973). In: Loser, F., Terhart, E. (Hrsg.): Theorien des Lehrens, Stuttgart 1977, 61 - 70, hier: 63

[96] Vgl. Nuthall, G., Snook, I.: Das Modell des Entdeckungslernens (1973). In: Loser, F., Terhart, E. (Hrsg.): Theorien des Lehrens, Stuttgart 1977, 70 - 79

[97] Vgl. Nuthall, G., Snook, I.: Das Modell des Entdeckungslernens (1973). In: Loser, F., Terhart, E. (Hrsg.): Theorien des Lehrens, Stuttgart 1977, 70 - 79, hier: 74 f

sehr alte humanistische gestalttheoretische Tradition in der Psychologie auf die Praxis des Lehrens bezogen wird.

7. Lernen im Verständnis Freinets grenzt sich ab von einem passiven konditioniert - mechanischen Lernen im Sinne klassischer Lerntheorien, grenzt sich aber zugleich ab von entwicklungsorientiert - kognitiven Ansätzen im Sinne Piagets und auf ihnen fußendem Ent- deckungslernen.

Der Mensch kann für Freinet weder durch mechanische noch durch kognitive Verhaltensweisen hinreichend bestimmt werden, wobei Freinet den Begriff *kognitives Lernen* oder *Kognition* als Sammelbegriff für Prozesse des Denkens und Wissens im weitesten Sinne[98] in seiner Theorie selbst nicht verwendet. Lernen im Sinne experimentellen Tastens ist *ganzheitliches Lernen* und umfaßt mechanische, intelligente, emotionale und soziale Aspekte.

Zentrale Bedeutung kommt der Sprache als das dem Menschen spezifische und höchst entwickelte Werkzeug zu. Die Sprache mit ihrem sozialen, situativen und emotionalen Bezug ist der bestimmende Faktor für den menschlichen Lehr - Lern - Prozeß, der nur als gemeinsamer sprachlicher und damit zugleich wissenschaftlicher Konstruktionsprozeß möglich ist.

3. Die experimentelle Pädagogik Freinets

> Wir haben ein gewaltiges Laboratorium, bestehend aus zwanzigtausend Schulen in allen Milieus, mit sechshunderttausend Kindern allen Alters und zwanzigtausend Technikern, in denen unsere Errungenschaften das Verständnis der Beobachtung, der Reflexion und des Messens geweckt haben. Wir wünschen uns nur eines: daß die Spezialisten einwilligen, eines Tages ihre Käfige zu verlassen, um mit uns die wirklichen Wege des Verhaltens zu erforschen. (Freinet. In: BENP 36, 6. Übers. R. K.)

Die sich um die Jahrhundertwende etablierende und in empirischer Tradition stehende experimentelle Pädagogik, die alle Hilfsmittel und Methoden empirischer Forschung in den Dienst pädagogischer Untersuchungen stellt[99], bleibt mit ihrer Forderung nach einer

---

[98] Zur traditionellen Definition von Kognition vgl. Mussen P. H., Conger, J. J., Kagan, J., Huston, A. C.: Die kognitive Entwicklung: Piaget und danach. In: Mussen P. H., Conger, J. J., Kagan, J., Huston, A. C.: Lehrbuch der Kinderpsychologie. Band 1, Stuttgart 1993, 291 - 331, hier: 292, 330

[99] Vgl. Meumann, E.: Vorlesungen zur Einführung in die experimentelle Pädagogik und ihre psychologischen Grundlagen. Erster Band, Leipzig 1916, 13

wissenschaftlichen Kenntnis der menschlichen Seele in Frankreich wie auch in Deutschland in weiten Teilen einer der christlichen Metaphysik verpflichteten Anthropologie verhaftet.[100]

So sieht Meumann in der Übertragung der Methoden der experimentellen Psychologie auf das *kindliche Seelenleben* "die Hauptquelle der experimentellen Pädagogik"[101].

Freinet weist diesen Ansatz zurück. Er lehnt z. B. die Methode der Introspektion oder Selbstbeobachtung wie die Beobachtung des eigenen Seelenlebens als Methode einer Kenntnis des Kindes ab und stellt dagegen die unterrichtliche und erzieherische Praxis selbst als Ort der Forschung heraus. Freinet begründet seine experimentelle Pädagogik nicht auf der experimentellen Psychologie, sondern auf einer *lebendigen Psychologie des Lebens*: "une psychologie vivante qui n´est que l´ aspect même de la vie" (EPSI, 11).

> Wir haben von falscher Wissenschaft gesprochen, denn die Psychologie zeigt in der Tat keine einzige Charakteristik einer wahren Wissenschaft. Sie ersetzt die Objektivität durch Introspektion und setzt Entitäten (Seele, Geist, Eigenschaften) voraus, anstatt die Fakten des Lebens zu sehen. Sie ist statisch, zerstückelt, wo sie doch eine Realität, die Bewegung und Einheit ist, ergreifen muß. - Wir mußten uns auf anderen Wegen, nach einem anderen Prozeß, durch langes und manchmal gewagtes Tasten in der Kenntnis des Kindes vorarbeiten, durch die Kenntnis unseres Berufs als Lehrer und Erzieher. (Freinet. In: BENP 36, 4. Übers. R. K.)

Im Folgenden wird zunächst die Lebenspsychologie, in die Freinet seine Theorie vom experimentellen Tasten einbettet und die seinem Forschungsprojekt *Pour la connaissance de l´ enfant* zugrunde liegt, in ihren wesentlichen Punkten beschrieben (3.1). Anschließend wird das Forschungsprojekt dargelegt, mit dem Freinet das experimentelle Tasten als dynamischen Prozeß, der seine eigenen Gesetzmäßigkeiten selbst hervorbringt,

---

[100] Vgl. Oelkers, J.: Kinderpsychologie. In: Oelkers, J.: Die große Aspiration. Zur Herausbildung der Erziehungswissenschaft im 19. Jahrhundert, Darmstadt 1989, 137 - 155. Vgl. auch Harth, W.: Die Anfänge der Neuen Erziehung in Frankreich, Würzburg 1986, 108; Helmchen, J.: L´ éducation nouvelle francophone et la *Reformpädagogik* allemande deux "histoires"? In: Hameline, D., Helmchen, J., Oelkers, J. (Hrsg.): L´ éducation nouvelle et les enjeux de son histoire. Actes du colloque international des Archives Institut Jean - Jacques Rousseau, Bern: Peter Lang 1995, 1 - 29 sowie Schlemminger, G.: Le mouvement des réformes pédagogiques des années vingt - trente: un bouleversement des pratiques et théories pédagogiques. In: Bruliard, L., Schlemminger, G.: Le mouvement Freinet: des origines aux années quatre - vingt, Paris: L´ Harmattan 1996, 89 - 114, hier: 96 - 103

[101] Meumann, E.: Vorlesungen zur Einführung in die experimentelle Pädagogik und ihre psychologischen Grundlagen. Erster Band, Leipzig 1916, 3 f

zu erfassen und zu überprüfen sucht (3.2). Die zentralen Forschungen zum Spracherwerb und zur Begriffsbildung werden dabei besonders hervorgehoben und vergleichbaren Ansätzen gegenübergestellt (3.2.4). Weiter wird das *Profil Vital* vorgestellt (3.2.5). Es folgt in Abgrenzung zu den Forschungen Wygotskis die Untersuchung der natürlichen Methode des Erstschreibens und Erstlesens, die Freinet ausgehend von Beobachtungen an seiner Tochter Balouette konzipiert hat (3.3). In Auseinandersetzung mit der Kritik Wallons wird dann der wissenschaftstheoretische Hintergrund der Psychopädagogik Freinets und seiner Theorie vom experimentellen Tasten herausgearbeitet (3.4).

3.1 Die Lebenspsychologie: Der dynamische Charakter des Lebens als Bezugspunkt

Bezugspunkt aller praktischen wie theoretischen Überlegungen Freinets ist das *Leben*, das vor jeder Spekulation darüber, ob es als naturwissenschaftlich - evolutiver Prozeß oder als theologisch - metaphysisches Mysterium zu betrachten ist, als Faktum zur Kenntnis genommen werden muß und als solches keiner weiteren Erklärung bedarf.

> Ob eine rätselhafte Kraft es am unergründlichen Anfang aller Zeiten ausgelöst
> hat oder ob es sich in den Mechanismus erklärbarer Fakten einfügt, deren
> Geheimnis man eines Tages verstehen wird, *das Leben ist.* Das ist die einzige
> unbestreitbare Tatsache. (EPSI, 13. Übers. R. K.)

Fragen nach dem Sinn und Ziel des Lebens und der eigenen Existenz sind für Freinet Fragen, auf die die Wissenschaft keine befriedigende Antwort geben kann und die vom Menschen im Leben und durch das Leben selbst gelöst werden müssen. Trotz allem bleibt die Frage des Menschen nach seinem definitiven Schicksal gestellt. Freinet stellt es dem einzelnen frei, auf diese Frage eine befriedigende Antwort zu finden, solange die dabei ent- wickelten Theorien und die aus ihnen resultierende Praxis nicht dem logischen Gang des Lebens entgegenwirken (vgl. EPSI, 15).

3.1.1 *Leben* in der Theorie Freinets

Leben in der Theorie Freinets ist nicht die Wirklichkeit schlechthin wie für Nietzsche, ist aber auch nicht beschränkt auf die menschliche Geschichte wie bei Dilthey[102], sondern umfaßt organisches: pflanzliches, tierisches und menschliches Leben, von der unbelebten Natur grundsätzlich unterschieden und in die Materie integriert (vgl. EPSI, 13).

Leben manifestiert sich für Freinet in individuellen Lebenskreisläufen: Leben entsteht

---

[102] Vgl. Bollnow, O. F.: Dilthey. Eine Einführung in seine Philosophie, Stuttgart 1955, 33

bzw. wird geboren, wächst heran, trägt Früchte, wird weitergegeben, vergeht und stirbt (vgl. EPSI, 9). Dieser *Prozeß des Lebens* ist für Freinet nicht autonom, sondern den großen allgemeinen *Gesetzen* des Lebens unterworfen (vgl. EPSI, 10).

Auch der Mensch unterliegt diesen Gesetzen und ist Teil des Lebensprozesses. In Abgrenzung zu einer exzessiven Idealisierung des Menschen ist es das Anliegen Freinets, den Menschen, ohne ihn in seiner herausgehobenen Stellung zu verkennen, in diesen seinen funktionellen Grundlagen wiederzufinden (vgl. EPSI, 86). Freinet verwendet Bilder, so vergleicht er das menschliche Leben mit einem Strom in seinem mechanischen Lauf von der Quelle bis hin zur Mündung (vgl. EPSI, 17), um die Dynamik des Lebens zu veran- schaulichen und um aufzuzeigen, daß jeder willkürliche und autoritäre Eingriff in diesen dynamischen Prozeß angesichts der allgemeinen Gesetze des Lebendigen wirkungslos ist. Jeder Zwang und jedes Hindernis, die in die Dynamik des Lebens eingreifen und sie behindern, werden als gefährlicher Bruch des notwendigen Gleichgewichts empfunden (vgl. zehntes Gesetz: Vom Schock und von der Zurückdrängung. EPSI, 72), lassen ein Gefühl von Unterlegenheit und Machtlosigkeit entstehen und verursachen einen tiefen Schmerz (vgl. erstes Gesetz: Das Leben ist. EPSI, 16; vgl. auch viertes Gesetz. EPSI, 37).

3.1.2 Die Bedeutung des Instinkts

Freinet geht davon aus, daß ein allgemeiner wechselseitiger Anpassungsprozeß das Leben in seinen Strukturen hervorgebracht hat und ihre Entwicklung bestimmt (vgl. EPSI, 44).

Grundlage traditionellen Verhaltens ist für Freinet der *Instinkt*, der die Charakteristika einer Art zum Ausdruck bringt: die *Lebenstechnik* oder die *Spur*, die die unzählbaren Tastversuche über Generationen hindurch dem Individuum eingegraben und das Überleben der Art ermöglicht haben; die physiologische Übersetzung der langen Erfahrung vorheriger Generationen (vgl. EPSI, 21; vgl. auch drittes Gesetz: Vom Instinkt zur Erziehung[103]).

Instinkt im Verständnis Freinets umfaßt dabei nicht nur ererbtes, angeborenes Verhalten, sondern zugleich individuelles, *unbewußt* erworbenes Verhalten von Individuen (vgl. EPSI, 23 f). Der Grund liegt darin, daß ererbtes und unreflektiert erlerntes Verhalten in ihrem äußeren Erscheinungsbild und in ihrer Tragweite nicht zu unterscheiden sind. Mit beiden Verhaltensweisen, d. h. mit instinktiver Lebenstechnik,

---

[103] Drittes Gesetz: Vom Instinkt zur Erziehung: Der Instinkt ist die Spur, die die unzählbaren Tastversuche über Generationen hindurch in uns hinterlassen haben und deren Erfolg das Überleben der Art ermöglicht hat. Die Veränderungen des Milieus zwingen das Individuum, seine Spuren durch neue Erfahrungen zu verändern. Die Anpassung, die daraus resultiert, ist das Wesen selbst der Erziehung (EPSI, 23. Übers. R. K.).

geht eine große Stabilität einher, die sich in einer immer schnellebigeren Zeit jedoch zunehmend als ein Anachronismus erweist und ihre Bedeutung verliert. Die Welt ändert sich in einem solchen Ausmaß und mit einer solchen Geschwindigkeit, daß es nicht mehr Aufgabe der Generationen ist, sich den neuen Umweltbedingungen anzupassen, sondern dem Einzelnen, dem Individuum selbst überlassen bleibt:

> Heute sind es die Individuen, die diese Kraftprobe bestehen müssen: entweder das Gleichgewicht wiederzufinden oder zu sterben. (Freinet. In: EPSI, 25; zit. n. EOZ, 133)

Um in einer Zeit, die ihre Stabilität verloren hat, eigene Stabilität wiederzuerlangen, müssen die Individuen über das experimentelle Tasten zum Konstrukteur ihrer eigenen Instinkte oder Reflexe, ihrer eigenen Lebenstechniken werden (vgl. EPSI, 25). Dieses ist jedoch Individuen bestimmter Organisationsstufen vorbehalten. Es erfordert intelligentes Verhalten: die Fähigkeit zu individueller Anpassung an die Umwelt, wobei Freinet *Anpassung* vor diesem Hintergrund aktiv definiert: als Auseinandersetzung des Individuums mit seiner Umwelt, als ein Sich - Einrichten durch allmähliche Systematisierung erfolgreichen Tastens (vgl. EPSI, 44).

In logischer Konsequenz bricht Freinet mit der Ganzheitspsychologie: einer "mythologischen Psychologie der Entitäten" (Elise Freinet. In: EOZ, 117), die allgemeine Fragen nach der Seele, dem Geist oder dem Bewußtsein zum Gegenstand hat (vgl. BENP 36, 4). Begriffe wie Vernunft, Willen und Intelligenz weist Freinet in ihrem traditionellen Verständnis zurück (vgl. EOZ, 129 f, 143). Er versteht sie als Konstrukte, die jedes Individuum in sich selbst konstruiert (vgl. auch BENP 36, 29) und die durch physiologische Vorgänge beschreibbar sind.

> Wenn man ihnen (den Intellektuellen, R. K.) zuhört, wäre das Individuum dazu verdammt, sich im verwunschenen Kreis seiner körperlichen Aktivitäten zu drehen, wenn es nicht von einer höheren Macht - der Gnade, des Glaubens, der Intelligenz oder der Vernunft - aufgerufen würde, sich über die menschlichen Verhältnisse zu erheben. Aber diese Kraft tragen wir in uns, unfehlbar und lebendig. Es ist diese Kraft, die das einfache Nahrungsmittel zum Nervenreiz und zum Element des Lebens umformt, die die körperliche Anstrengung anregt, sie motiviert und idealisiert, um sie zur Würde eines Werkzeugs des Geistigen zu erheben. (ET, 225 f; zit. n. EOZ, 120 f)

Freinet kann so die materielle und geistige Einheit des Menschen begründen. Diese Einheit zeigt sich in der Freisetzung der künstlerischen und poetischen Kräfte der

Kindheit im freien Ausdruck (vgl. Elise Freinet. In: EOZ, 120, 142). Von hierher wird die Poesie für Freinet, wobei er ein Wort von Bachelard aufgreift, *zur Begründung des Menschen durch die Sprache* (vgl. IAP, 158).

3.1.3 Die Stellung des Menschen

Den *Menschen des zwanzigsten Jahrhunderts* betrachtet Freinet als den momentanen Endpunkt einer Linie unendlicher Tastversuche, die an verschiedenen und zahlreichen Orten den sich in Entstehung befindlichen Wesen eine Vielzahl von Problemen gestellt haben und einen ständigen Appell zur Durchdringung des noch Unbekannten darstellen. Die Frage, *warum* der Mensch auf diese Weise von einer so immensen Zahl an Tastversuchen beansprucht worden ist, beantwortet Freinet unter Bezugnahme auf die entsprechenden wissenschaftlichen Disziplinen und die Historiker durch Verweis auf den aufrechten Gang und die daraus resultierenden Aspekte der befreiten Hand und der Entwicklung des Gehirns, die das Verhaltensspektrum des Menschen immens erweitert und eine unglaubliche Durchlässigkeit für Erfahrung ermöglicht haben (vgl. Freinet: Une échelle d´ humanité. In: L´ E 14/April/1950).

Die Differenzierung, Spezialisierung und potentielle Unendlichkeit der menschlichen Tastversuche und die damit verbundene Geschichte des menschlichen Fortschritts liegen für Freinet vorrangig in der Schaffung und im Gebrauch der Werkzeuge, allen voran der Sprache, begründet (vgl. Primauté de l´ outil. In: L´ E 15/Mai/1948; EPSII, 116). Mit ihnen hat der Mensch über die Grenzen seiner eigenen Konstruktion hinaus das Leben erforscht und ihm seine Spuren eingegraben (vgl. EPSI, 88 f; vierzehntes Gesetz: Von einer Stufenleiter der Menschlichkeit. EPSI, 91). Die insbesondere mit der Sprache als Werkzeug angelegte potentielle Unendlichkeit der menschlichen Tastversuche darf nicht als ein metaphysischer Einbruch in das Leben mißverstanden werden. Der Begriff *unendlich* ist für Freinet eine Bezeichnung für das immense Ausmaß des noch Unerforschten, vor das der Mensch gestellt ist (vgl. EPSI, 10).

3.1.4 *Freiheit* in der Theorie Freinets

Der Vergleich des dynamischen Prozesses des Lebens mit dem mechanischen Lauf eines Stroms wirft die Frage nach der *Freiheit* auf (vgl. EPSI, 150). *Freiheit* in der Theorie Freinets entsteht dort, wo das Individuum schneller ist als die Mechanik, d. h., entsteht nicht außerhalb der dynamischen Mechanik, sondern dort, wo das Individuum den mechanischen Prozeß des Stroms bzw. des Lebens mit einer höheren dynamischen Kraft über- schreitet, dominiert und prägt (vgl. zwanzigstes Gesetz: Vom Strom des Lebens. EPSI, 151).

3.1.5 Potentiel de vie

Das Kind ist für Freinet weder ein gestaltloses, neutrales Wesen noch mit spezifisch menschlichen Kräften wie Vernunft oder Willen ausgestattet (vgl. Observons les animaux. In: L´ E 3/Nov/1951), sondern trägt wie alles Leben ein Lebenspotential: *potentiel de vie* in sich (vgl. erstes Gesetz: Das Leben ist. EPSI, 16), das es für die Umsetzung seines vitalen Lebensprozesses mobilisiert und das Freinet mit dem Begriff Lebenskraft: *puissance de vie* belegt.

Diese Lebenskraft, der Schwerkraft beim Quellwasser vergleichbar (vgl. EPSI, 39), strebt danach, ein Maximum an Kraft zu erreichen, sich zu entfalten und an andere Lebewesen weiterzugeben, die seine Verlängerung und Fortsetzung bilden. Die *Lebenskraft* bzw. das Lebenspotential, über deren Ursprung und Ziel zwar keine Aussagen gemacht werden können (vgl. EPSI, 16), dürfen Freinet zufolge nicht willkürlich vom Verhalten des Individuums im Rahmen seines Lebenszyklus getrennt werden und sind nicht zu ver- wechseln mit der Verwendung und Interpretation dieser Begriffe in einer ihren Ursprüngen entfremdeten Philosophie in der Tradition Nietzsches (vgl. EPSI, 10).

Die Aufgabe seiner Pädagogik sieht Freinet darin, das Lebenspotential, das mit den traditionellen Methoden unterdrückt und geschwächt wird, zu bewahren und zu vergrößern. Beständigkeit und Steigerung des Lebenspotentials sind für Freinet Maßstab einer natürlichen Methode (vgl. erstes Gesetz: Das Leben ist. EPSI, 16).

3.1.6 Elan vital

Die Dynamik, in die hinein sich die Lebenskraft entfaltet, ist der *élan vital*, der in der Zeit, d. h. in den Grenzen von Werden und Vergehen bzw. Geburt und Tod sowie in den Grenzen vorfindlicher Gegebenheiten und Hindernisse, über das experimentelle Tasten das Leben der Pflanze und der Kreatur ermöglicht (zur Überwindung von Hindernissen vgl. sechzehntes Gesetz: Die Bresche und die Neigungen. EPSI, 101 sowie die Gesetze elf - dreizehn: Abweichung, Vergeistigung, Kompensation und Überkompensation. EPSI, 75 - 85).

Um zu leben, das Leben durchzuhalten und seinen natürlichen Lebenskreislauf als die unbedingte Verwirklichung eines dynamischen vitalen Prozesses, der für den Menschen von Geburt an sozial bestimmt ist (vgl. L´ E 13/14/April 1948, 268; EPSI, 115 ff), zu durchlaufen, reagiert das Individuum auf die internen und externen Veränderungen seiner Umwelt (seines *Milieus*) und ermittelt ständig den experimentellen Stand der antagonistischen Kräfte, um sein notwendiges Gleichgewicht, das Freinet als *Harmonie* bezeichnet, aufrechtzuerhalten oder wiederherzustellen (vgl. EPSI, 10).

Das experimentelle Tasten des Individuums ist dabei durch drei Phasen gekennzeichnet (vgl. Cours théorique et pratique de la connaissance de l´ enfant. In: L´ E 6/Dez/1953; 8/Jan/1954):

1. Ausschließliches Tasten

2. Mehr oder weniger lange Wiederholung erfolgreichen Tastens, das dann zum Automatismus bzw. zur Lebensregel wird

3. Definitive Fixierung dieser automatischen Wiederholungen zur Lebenstechnik

3.1.7 Lernen, Lehren und Erziehen

Lernen bedeutet vor diesem Hintergrund: *Integration der Erfahrung in den Prozeß des Lebens* (vgl. Freinet. In: L´ E 8/Jan/1954, 343) oder anders gesagt: Herausbildung von Lebenstechniken (vgl. Freinet. In: L´ E 6/Dez/1953, 288): erfolgreiche Tastversuche so schnell wie möglich in Automatismen bzw. Lebensregeln und dann in Lebenstechniken übergehen lassen (zu den *Ersatzlebensregeln*, die Freinet mit den Lebensregeln auf eine Stufe stellt, die jedoch Lernprozesse von Isolierten und Alleingelassenen darstellen[104], vgl. die Gesetze einundzwanzig bis dreiundzwanzig. EPSII, 19, 25, 36; vierundzwanzig. EPSII, 77; fünfundzwanzig. EPSII, 111).

Mit der *Erziehung*, d. h., mit der unmittelbaren Begleitung und mit Entstehen der hinweisenden Geste, der artikulierten Sprache und der Schrift, hat dieser Integrationsprozeß für Freinet von seiner materiellen und technischen Härte verloren (vgl. EPSI, 116). Das moderne Leben erfordert eine ständige Neubestimmung der menschlichen Lebenstechni- ken. Von hierher ergibt sich für Freinet die Berechtigung und die Notwendigkeit, das experimentelle Tasten des Kindes in einer *Lehrzeit* zu organisieren.[105] Die Möglichkeiten experimentellen Tastens mulitplizieren bedeutet für Freinet dabei die Möglichkeiten zur Intelligenz multiplizieren (vgl. Cours théorique et pratique de la connaissance de l´ enfant. In: L´ E 6/Dez/1953; 8/Jan/1954).

3.1.8 Der Bezug zur Kybernetik

Freinet stützt seine Thesen durch Verweis auf die *Kybernetik* sowie den Versuch, intelligentes Verhalten zu imitieren und intelligente elektronische Gehirne zu konstruieren, die nicht nur auf Knopfdruck bis zur Perfektion bestimmte Aufgaben ausführen, sondern die in der Lage sind, zwischen mehreren Möglichkeiten diejenigen zu

---

[104] Vgl. auch Boehncke, H., Hennig, Chr. (Hrsg.): Célestin Freinet. Pädagogische Texte. Mit Beispielen aus der praktischen Arbeit nach Freinet, Reinbek bei Hamburg 1980, 53 f

[105] Vgl. auch Legrand, L.: Célestin Freinet et l´idéologie aujourd´ hui. In: Cahiers Binet - Simon 4/1996, 13 - 37, hier: 33

wählen, die am besten den Notwendigkeiten des Augenblicks entsprechen und sich am besten in ihr intelligentes Verhalten einfügen. Als Beispiel nennt Freinet hier den *Homöostaten von Ashby*, der etwa vierhunderttausend Möglichkeiten bereithält, um sein Gleichgewicht wiederherzustellen.

Was den elektronischen Gehirnen Freinet zufolge jedoch fehlt, ist die *Offenheit*, d. h. die Aufgeschlossenheit für *experimentelles Tasten* als Sammeln bzw. Konstruktion von Erfahrung (vgl. L´ E 15/16/17/Juni/1952, 454 - 462; vgl. Freinet/1952. In: EOZ, 126 f).

Das Interesse, das Freinet der *Kybernetik* als Computer- und Regelungstechnik[106] entgegenbringt, beruht darauf, eine analoge Grundlage zu finden, die es ermöglicht, die *Einfachheit der Lebensphänomene* zu verstehen (vgl. Elise Freinet. In: EOZ, 127; vgl. auch Freinet: Observons les animaux. In: L´ E 3/Nov/1951) und die Vorstellungen vom *experimentellen Tasten* und vom Verhalten dynamischer *offener* Systeme zu verdeutlichen.

Für die *Computer- und Regelungstechnik* gilt, daß nur solche geistigen Prozesse maschinell realisiert werden können, deren Funktion genau bekannt ist. Das sind z. B. das *logische Denken* oder der *bedingte Reflex*, nicht aber das intuitive oder schöpferische Denken.[107] Von hierher ergibt sich, daß Lernen und Denken im Verständnis Freinets, insofern sie dem Ziel der Aufrechterhaltung bzw. Wiederherstellung des inneren Gleichgewichts untergeordnet sind, eine logische Dimension enthalten.

3.2 Die Überprüfung der Theorie: Das Projekt *Pour la connaissance de l´ enfant*

Mit Wiederaufnahme seiner pädagogischen Arbeit nach dem Zweiten Weltkrieg fundiert Freinet seine Pädagogik als experimentelle Pädagogik und erhebt den Anspruch, die Frage der Kenntnis des Kindes nicht intellektualistisch, sondern wissenschaftlich anzugehen, und so die hermetische Geschlossenheit der klinischen Methode Piagets zu duchbrechen (vgl. auch Les comportements - outils. In: L´ E 11/März/1949; L´ E 3/Nov/1951, 94 f).

---

[106] Das Wort *Kybernetik* bezeichnet ursprünglich die Kunst des Steuermanns, ein Schiff trotz Wind- und Meeresströmungen an sein Ziel zu bringen. Aufgabe des Lotsen ist es dabei, den jeweiligen Ist - Wert des Schiffes zu bestimmen, ihn mit dem Soll - Wert (Ziel) zu vergleichen und eine Steuerungsstrategie zu ermitteln. Das Wort *Kybernetik* hat im Laufe der Geschichte manchen Bedeutungswandel erfahren. Der heutige traditionelle Begriff von *Kybernetik* geht im wesentlichen auf Wiener zurück. Vgl. Cube, F. v.: Kybernetik und Pädagogik. In: Das Fischer Lexikon. Pädagogik, hrsg. v. Groothoff, H. - H., unter Mitw. v. Reimers, E., Frankfurt a. M. 1973, 163 - 177, hier: 163. Vgl. auch Cube, F. v.: Einige Definitionen der Kybernetik. In: Cube, F. v.: Kybernetische Grundlagen des Lernens und Lehrens, Stuttart 1971, 42 - 46

[107] Vgl. Cube, F. v.: Kybernetik und Pädagogik. In: Das Fischer Lexikon. Pädagogik, hrsg. v. Groothoff, H. - H., unter Mitw. v. Reimers, E., Frankfurt a. M. 1973, 163 - 177, hier: 163 f

Man wird uns vielleicht sagen, daß die alten Praktiken der Psychologie heute zum Glück vorbei sind und daß wir seit zwanzig Jahren von Arbeiten eminenter Psychologen profitieren, die mit einer feinen scharfsinnigen Logik die Beobachtungen und Untersuchungen analysieren und auswerten, aus denen sie die Grundlage ihres Unterrichts machen. ... Wir können die hermetische Geschlossenheit dieser Forschungen nicht durchdringen. Wir wollen die Fragen nicht intellektualistisch, sondern experimentell und *wissenschaftlich* angehen. (BENP 36, 5. Übers. R. K.)

Im Rahmen des Ende der vierziger Jahre von Freinet initiierten Forschungsprojekts *Pour la connaissance de l´ enfant*, in das etwa zweihundert Kinder und hundert Eltern integriert sind (vgl. Pour la connaissance de l´ enfant. In: L´ E 1/Okt/1949), wird durch Experiment und systematische Beobachtung, Formulierung von Hypothesen auf der Grundlage der Theorie des *experimentellen Tastens*, Organisation und Variation von Bedingungen, Vergleich der Hypothesen mit dem Verhalten des Kindes, die Theorie des *experimentellen Tastens* überprüft.[108]

Die Untersuchungen erfolgen in direktem Bezug zum Leben der Kinder zu Hause und in ihren Klassen. Jede Klasse und jedes Wohnzimmer stellen ein pädagogisches Laboratorium dar (vgl. BENP 36, 5 f). Erforscht werden sukzessive der Erwerb verschiedener motorischer Mechanismen bzw. der kindliche Umgang mit Verhaltens - Werkzeugen sowie der kindliche Umgang mit Werkzeugen (vgl. La notion d´ outil. In: L´ E 4/Nov/1948), insbesondere der Spracherwerb bzw. der Umgang mit Wort - Werkzeugen und der über das Zeichnen[109] sich vollziehende Schriftspracherwerb (vgl. L´ expérience tâtonnée. In: L´ E 7/Jan/1949; Les comportements - outils. L´ E

---

[108] Vgl. in diesem Zusammenhang Depaepe, der bezugnehmend auf Buyses zwischen der *pédagogie expérimentale* als der eigentlich experimentellen bzw. wissenschaftlichen Pädagogik und der *pédagogie expériencée* als der den Bereich der Experimente der Reformpädagogen betreffende Pädagogik zu unterscheiden versucht. Experimentieren im Kontext der Neue - Schulbewegung bedeutet nach Buyes/Depaepe nicht, die Wirkungen einer wohlbestimmten Variable unter so gut wie möglich kontrollierten Bedingungen zu untersuchen, sondern nichts anderes als das Ausprobieren einer wohl-bestimmten Erneuerung in der pädagogischen Praxis. Vgl. Depaepe, M.: Experimentelle Pädagogik, Reformpädagogik und pädagogische Praxis. In: Oelkers, J., Osterwalder, F. (Hrsg.): Die Neue Erziehung. Beiträge zur Internationalität der Reformpädagogik, Frankfurt/M. u. a. 1999, 183 - 205, hier: 184

[109] Die Forschungen zur Entwicklung des kindlichen Zeichnens werden in Form der *Genèses*: Entstehung des Menschen, der Vögel, der Autos und der Häuser veröffentlicht. Vgl. La genèse de l´ homme. L´ E 17/Juni/1953; La genèse des oiseaux. L´ E 11/12/Dez/Jan/1954/55; La genèse des autos, des camnions et des cars. L´ E 6/7/Dez/Jan/1959/60; La genèse des maisons. L´ E 7/8/Jan/1961. Vgl. auch Freinet, C.: Oeuvres pédagogiques. Tome II (OPII), hrsg. v. Freinet, M., Lonrai: Editions du Seuil 1994, 493 - 720

11/März/1949; Un premier bilan. In: L´E 20/Juli/1949). Alle Mitarbeitenden des Projekts werden durch Rundschreiben, die den bisherigen Stand der Arbeiten darlegen, gegebenenfalls Präzisierungen vornehmen und Anleitungen für die weiteren Beobachtungen geben, auf dem laufenden gehalten.

3.2.1 Grundannahmen des Projekts

Das Projekt fußt auf der Annahme, daß unabhängig von Alter und Milieu der Kinder grundlegende Prozesse zu beobachten und zu überprüfen sind. Es werden vier Hypothesen formuliert. Die ersten drei Hypothesen richten sich auf normal - entwickelte intelligente Kinder, die vierte Hypothese betrifft zurückgebliebene Kinder (vgl. Le processus psychologique. In: L´E 3/Nov/1948[110]):

1. Um ein vitales Problem, welcher Art auch immer, zu lösen, setzt das Kind sein experimentelles Tasten ein. Das Kind versucht *zufällig* verschiedene mögliche Lösungen, seinen Neigungen entsprechend oder durch Nachahmung von Bewegungen. Es werden Aufgaben gestellt zu beobachten, was das Kind mit seinen Händen macht, wie es die ersten Schritte versucht, wie es durch experimentelles Tasten die ersten Laute von sich gibt, die eine Bedeutung haben und die erste Etappe der Sprache sind.

2. Erfolgreiches Tasten neigt dazu, sich zu wiederholen. Das Tasten des Kindes ist Ausdruck seiner Suche nach Gleichgewicht, individueller Kraft und Sicherheit. Erfolgloses Tasten kommt einem Rückstoß gleich. Erfolgreiches Tasten wird wiederholt. Aufgabe der Forscher ist es, die Anzahl und die Art der Wiederholungen zu notieren und zu beschreiben.

3. Das Kind kann nur dann Fortschritte machen, wenn es seine ersten Erfolge vorweisen kann. Das Kind wiederholt die erfolgreiche Verhaltensweise bis zum Automatismus. Hier ist gefordert, die Anzahl der Wiederholungen, die nötig sind, um den Automatismus zu erwerben, genau zu vermerken. Auf diese Weise kann der Übergang von erfolgreichem Tasten zum Automatismus bzw. zur Lebensregel festgehalten werden oder anders gesagt: kann die *Durchlässigkeit für Erfahrung* jeweils punktuell erfaßt und können Stufenleitern der Intelligenz (échelle de l´intelligence) aufgestellt werden (vgl. Un premier bilan. In: L´E 20/Juli/1949; BENP 36, 32).

4. Schließlich soll folgende Hypothese überprüft werden: Es gibt Kinder, die ihrem Tasten kaum zugänglich sind. Hier handelt es sich häufig um *zurückgebliebene* Kinder, die einerseits einen Mißerfolg erst nach mehrmaligem Tasten realisieren und die

---

[110]\hDer hier von Freinet verwandte ältere Begriff *expérience tâtonnée* wird mit *experimentellem Tasten* bzw. mit *Tasten* übersetzt.

andererseits eine erfolgreiche Verhaltensweise ungewöhnlich häufig wiederholen müssen, um den Automatismus zu erwerben. Intelligente Kinder werden sich in der Regel schnell ihres erfolg- losen Tastens bewußt und benötigen nur wenige Wiederholungen, um erfolgreiches Tasten zum Automatismus werden zu lassen.

3.2.2 Systematisierung der Forschungen

Ab Oktober 1951 werden die Forschungen unter der Leitung von Freinet und Pierre Cabanes (Aveyron) systematisiert (vgl. Connaissance de l´ enfant. In: L´ E 2/Okt/1951). Alle ProjektteilnehmerInnen werden fünf Beobachtungsgruppen zugeordnet:

Die *erste Gruppe* betrachtet die Entstehung des experimentellen Tastens beim Kind im Alter von 0 bis 12 Monaten.

Die *zweite Gruppe* betrifft Kinder im Alter von 1 Jahr bis 2 Jahren und untersucht das experimentelle Tasten für verschiedene motorische Aktivitäten wie Laufen und Springen sowie für die Anfänge der Sprache.

Die *dritte Gruppe* umfaßt Kinder im Alter von 3 bis 5 Jahren und setzt die Dokumentation des experimentellen Tastens bezüglich der Entwicklung der verschiedenen kindlichen Errungenschaften sowie der Entwicklung der Sprache und des Zeichnens fort.

Die *vierte Gruppe* analysiert das experimentelle Tasten von Kindern im Alter von 5 bis 10 Jahren, dem Alter der Rückschläge: *l´ âge des refoulements*. Um das fünfte Lebensjahr herum beginnt das Kind, sich ernsthaft mit seiner Umgebung zu messen und auseinanderzusetzen, und wird dementsprechend nicht nur Erfolge, sondern auch in verstärktem Maße Rückschläge erleiden. Im Rahmen dieser Arbeitsgruppe soll vor allem überprüft werden, wie das Kind mit Rückschlägen fertig wird bzw. Hindernisse überwindet, d. h., wie es ihm angesichts zurückdrängender und behindernder Einflüsse gelingt, sein inneres Gleichgewicht wiederzuerlangen (vgl. auch EPSI, 70 ff).

Die *fünfte* und letzte *Gruppe* untersucht das experimentelle Tasten bei Kindern und Jugendlichen im Alter von 10 bis 14 Jahren, einem Alter, in dem das Leben in seiner Komplexität in Angriff genommen wird und - wenn die vorhergehenden Stadien entsprechend durchlaufen wurden - beherrscht werden kann.

3.2.3 Auswertung der Forschungen

Freinet und Cabanes werten die Forschungsprotokolle aus und strukturieren sie in zusammenfassenden Berichten. Im Dezember 1952 werden in der Reihe *Brochures d´ éducation nouvelle populaire* (BENP 77) unter dem Titel *Connaissance de l´ enfant sur la base des principes de l´ Essai de psychologie sensible* (Kenntnis des Kindes auf der

Grundlage des *Essai de psychologie sensible*) die Ergebnisse der ersten beiden Arbeitsgruppen (Kinder von 0 - 2 Jahren) veröffentlicht.[111]

Einzelne Forschungsprotokolle werden in Auszügen bereits vorab im *Educateur* vorgestellt. In der Dezemberausgabe von 1948 veröffentlicht Freinet ein Forschungsprotokoll (Lobjois, Variscourt/Aisne), in dem dokumentiert wird, wie der dreizehn Monate alte Dominique auf der Grundlage experimentellen Tastens lernt, eine Tür mit dem Schlüssel zu öffnen.

> Dominique ist dreizehn Monate alt. Mein Sohn versucht zu laufen, ich halte ihn fest. Er bewegt sich in Richtung auf ein kleines Küchenschränkchen, an dem er bereits mehrere Male beobachtet hat, daß es geöffnet werden kann. Die zwei Flügel der Tür sind gegeneinander geschlagen und lassen einen kleinen Zwischenraum, wobei die Leiste des rechten Flügels das Schloß verdeckt. Dominique steckt seine Fingerspitzen in den Zwischenraum, zieht den rechten Flügel zu sich, öffnet ihn und öffnet dann den linken Flügel.
>
> Ich schließe die beiden Flügel wieder auf dieselbe Weise und Dominique öffnet sie wieder auf eben dieselbe Weise. Dann schlage ich die beiden Flügeltüren kräftig zu; dieses Mal paßt die Leiste genau in den linken Flügel, und es ist für meinen Sohn unmöglich, seine Finger dazwischenzuschieben; er versucht - ohne Erfolg -, die Türen wie die vorigen Male zu öffnen; es gelingt ihm nicht. Er versucht es an verschiedenen Stellen der Leiste, ohne größeren Erfolg, bis er den Schlüssel bemerkt, der sich im Schloß befindet; er zieht, die Tür öffnet sich. Wiederholung dieses Experiments mehrere Male, immer bewegen sich die Hände des Kindes zum Schlüssel.
>
> Am nächsten Tag setze ich meinen Sohn vor den Schrank. Die beiden Flügel lassen einen Zwischenraum erkennen. Dominique nimmt seine Finger und öffnet. Ich verschließe die Flügel vollständig. Dominique legt seine Finger auf die Leiste, findet keine Möglichkeit für seine Finger; dann bewegt er sie zum Schlüssel und öffnet. Ich wiederhole dieses Experiment noch mehrere Male und lasse entweder einen Spalt oder schließe die beiden Flügel vollständig; das Kind öffnet jedes Mal mit dem Schlüssel.
>
> Am übernächsten Tag, die Flügel des Schränkchens sind nicht völlig geschlossen und lassen einen Zwischenraum erkennen, öffnet Dominique, der vor dem Schränkchen sitzt, die Türen, indem er direkt seine Hand auf den Schlüssel legt. Von diesem Tag an, und ich habe das Experiment viele Male

---

[111] Vgl. Barré, M.: Célestin Freinet: un éducateur pour notre temps. Tome II: Vers une alternative pédagogique de masse (1936 - 1966), PEMF: Mouans - Sartoux 1996, 96

wiederholt, öffnet Dominique immer mit Hilfe des Schlüssels. (L´ expérience

tâtonnée. In: L´ E 6/Dez/1948. Übers. R. K.)

Einen Monat später, in der Januarausgabe 1949, berichtet eine Mutter, ihr Kind habe das "Auf - den - Stuhl - klettern" auf zwei verschiedene Weise gelernt: durch Rückwärtssetzen und durch Aufstützen auf den Arm des Stuhls, und zwar ohne vorausgehende Versuche bzw. ohne einen Fehlversuch.

Freinet bittet hier um erneute Prüfung durch andere Eltern, ob es einem Kind tatsächlich ohne Tastversuche gelingt, sich auf einen Stuhl zu setzen, d. h., um Prüfung, ob es möglich ist, ohne einen Fehlversuch zum Erfolg zu kommen, oder ob das Gesetz des *experimentellen Tastens* universal ist (vgl. Du tâtonnement mécanique au tâtonnement intelligent. In: L´ E 8/Jan/1949).

3.2.4 Spracherwerb und Begriffsbildung

Freinets Forderung, im Unterricht so wenig wie möglich zu sprechen, zu erklären und zu demonstrieren (vgl. OPII, 405 f), bedeutet nicht, daß Freinet der Sprache eine unter-geordnete Rolle beimißt, und bedeutet nicht, daß die Dinge für Freinet unabhängig von den Wörtern bestehen, d. h., daß die Dinge auf dem Weg experimentellen Tastens zunächst unmittelbar zu erschließen und die Wörter der Sprache lediglich nachträgliche Bezeichnungen wären[112], im Gegenteil. Der Prozeß des experimentellen Tastens wird mit dem Wort als typisch menschlichem Werkzeug zu einem konstruktiven sprachlichen Prozeß.

Indem Freinet den Forschungen zum kindlichen *Spracherwerb* und zur *Begriffsbildung* besondere Bedeutung zumißt, zeigt er auf, daß bereits das erste Sprechen bzw. die ersten Wortschöpfungen und das Sprechen - lernen des Kindes einen kreativen und konstruktiven Prozeß darstellen, im Laufe dessen das Kind nicht etwa mit den Wörtern gesellschaftlich - historische Erfahrung übernimmt, sondern im Laufe dessen es kreativ, konstruktiv und kommunikativ mit den Wörtern und ihrer Bedeutung diese Erfahrung überhaupt erst schafft.

Spracherwerb und Begriffsbildung bilden für Freinet eine komplexe konstruktive und kommunikative Einheit, die jedoch im folgenden der Klarheit wegen voneinander getrennt umrissen werden.

---

[112] Vgl. dazu Bollnow, O. F.: Sprache und Erziehung, Stuttgart 3 1979, 158

3.2.4.1 Spracherwerb

Bezüglich des Spracherwerbs unterstreicht Freinet zunächst, genau wie für den Denkprozeß, den mechanischen Charakter der Abläufe und betont, daß der Spracherwerb nicht aufgrund von Begriffsvermögen, Vorstellungskraft oder Intelligenz, sondern allein aufgrund von *experimentellem Tasten* (vgl. L´ expérience tâtonnée. In: L´ 7/Jan/1949; BENP 36, 28 f) und damit zunächst mechanischem Tasten erfolgt.

Dann hebt Freinet die Bedeutung des sozialen Kontexts und der Interaktion hervor. Ein *zufällig* geäußerter Laut, z. B. Br ..., Br ..., wird von den Eltern mit Begeisterung kommentiert: "Du bist ein Auto ...!", wiederholt und in der Lautbildung durch eine entsprechende Geste, durch Bewegung der Lippen mit dem Finger, unterstützt. Das Kind wiederholt den Laut, weil er sich als *Erfolg* erwiesen hat. Und da sich die Geste der Erwachsenen exakt in den Rahmen seines experimentellen Tastens einfügt, imitiert es sie, um sein Wort - Werkzeug zu vervollständigen.

Mit dieser Darstellung wendet Freinet sich gegen nativistische Theorien wie die von Chomsky, die davon ausgeht, daß das Kind über einen angeborenen Spracherwerbsmechanismus[113], den *Language Acquisition Device* (LAD), verfügt, der es zur Verarbeitung sprachlicher Universalien befähigt, und zugleich gegen kognitive Theorien, die eine Abhängigkeit des Spracherwerbs von angeborenen kognitiven, informationsverarbeitenden und motivationalen Prädispositionen vertreten[114].

Im Unterschied zu Piaget, für den die Sprache der frühen Kindheit keine objektiv nützliche notwendige Funktion im Verhalten des Kindes ausübt, sondern als egozentrische Sprache die Tätigkeit und die Erlebnisse des Kindes lediglich begleitet[115], hat die Sprache für Freinet von Anfang an eine konstruktive und kommunikative Dimension (vgl. Le processus psychologique. In: L´ E 3/Nov/1948). Wenn das Kind einen Laut von sich gibt, der ein Erfolg zu sein scheint, sei es, daß er die Mutter herbeiholt, die Katze vertreibt oder ganz einfach Gelächter hervorruft, wird es ihn wiederholen und als Werkzeug einsetzen, um mit seiner Hilfe mit seiner Umgebung in Kontakt zu treten und sein Leben zu konstruieren und zu bearbeiten.

---

[113] Vgl. Mussen P. H., Conger, J. J., Kagan, J., Huston, A. C.: Sprache und Kommunikation. In: Mussen P. H., Conger, J. J., Kagan, J., Huston, A. C.: Lehrbuch der Kinderpsychologie. Band 1, Stuttgart 1993, 241 - 290, hier: 270

[114] Vgl. Mussen P. H., Conger, J. J., Kagan, J., Huston, A. C.: Sprache und Kommunikation. In: Mussen P. H., Conger, J. J., Kagan, J., Huston, A. C.: Lehrbuch der Kinderpsychologie. Band 1, Stuttgart 1993, 241 - 290, hier: 274

[115] Vgl. Wygotski, L. S.: Sprechen und Denken beim Kinde in der Theorie von Jean Piaget. In: Wygotski, L. S.: Denken und Sprechen, Frankfurt a. M. 1979, 17 - 64, hier: 35 f; Piaget, J.: Sprechen und Denken des Kindes, Düsseldorf 1979

Freinet beobachtet und differenziert bezüglich des Spracherwerbs verschiedene Stadien, die überprüft werden sollen, wobei er darauf hinweist, dem grundlegenden Vorgang der *Imitation*, dem organischen Bemühen des Kindes, die eigenen Gesten und Laute mit Hilfe aller ihm zur Verfügung stehenden Möglichkeiten (Zunge, Lippen, Zähne, Atmung) mit denen seiner Umgebung in Einklang zu bringen (vgl. OPII, 229), ein Verhalten, das mit der traditionellen Interpretation von Imitation nur unzureichend erfaßt wird, besondere Beachtung zu schenken (vgl. L´ expérience tâtonnée. In: L´ 7/Jan/1949; vgl. auch BENP 36, 29).

Das Spracherwerbsmodell nach Freinet umfaßt, im Unterschied zu behavioristischen Spracherwerbsmodellen, die auf der These aufbauen, daß das Kind angesichts der zu erwartenden Belohnung die Sprache seiner Umgebung immer besser imitiert, über die Imitation hinaus, insofern das Kind Wort - Werkzeuge variiert und differenziert einsetzt, neu kombiniert und mehr und mehr der Sprache seiner Umgebung angleicht, eine *kreative* und *forschende* Dimension.

Erstes Stadium: Ein Laut erweist sich als Erfolg. Das Kind wiederholt ihn, um sich dessen Beherrschung zu sichern.

Zweites Stadium: Der Laut bzw. das Wort wird als Werkzeug benutzt, um nicht nur ein Objekt oder einen Sachverhalt, sondern eine ganze Bandbreite an Objekten oder Sachverhalten auszudrücken. In diesem Stadium ist es möglich, daß die Laute oder Wörter verändert werden, in der Betonung variieren oder daß Bewegungen und Gesten dazu beitragen, ihre Bedeutung auszuweiten.

Drittes Stadium: Zwei Wort - Werkzeuge werden zusammengefügt, um eine neue Bedeutung auszudrücken. Hier handelt es sich nach Freinet um den Beginn des Satzes. Diese Entwicklung soll genau beobachtet und vor allem die begrenzte Zahl der Wörter und Wortkombinationen mit ihrer jeweils verschiedenen Bedeutung, die es dem Kind ermöglichen, mit einigen wenigen Wörtern sein ganzes Leben auszudrücken, genau erfaßt werden.

Viertes Stadium: Die Wörter werden wiederholt, um in den Automatismus überzugehen. Bezüglich der sich noch in permanenter Entwicklung befindlichen Sprache des Kindes ist dabei zu beachten, daß ständig neue Erfahrungen den vorherigen hinzugefügt werden, bevor die Wiederholungen definitiv als Lebensregel fixiert werden.

Die Ergebnisse der Untersuchungen werden von Freinet und Cabanes in einer *Stufenleiter des Spracherwerbs* (Échelle de l´ apprentissage du langage) ausgewertet (vgl. Pour une échelle de l´ apprentissage du langage. In: L´ E 6/Dez/1949), wobei die Schnelligkeit, mit der ein Kind die Sprache erwirbt, für Freinet kein Zeichen *besonderer* Intelligenz ist (vgl. La rapidité dans l´acquisition du langage est - elle une preuve particulière d´ intelligence. In: L´ E 4/Nov/1949).

Die von Freinet angestrebte *Stufenleiter der Intelligenz* setzt sich aus gleichwertigen Stufenleitern zusammen: Stufenleiter des Spracherwerbs, Stufenleiter des freien Zeichnens (vgl. z. B. Pour l´ établissement de notre escalier de l´ acquisition du dessin libre. In: L´ E 10/Febr/1950) und Stufenleitern verschiedener anderer Fähigkeiten.

Beispiel einer Stufenleiter des Spracherwerbs (Cabanes. In: L´ E 6/Dez/1949)

Erste Spalte: Alter des Kindes in Monaten (101: 1 Jahr, 1 Monat)

Zweite Spalte: Erste geäußerte Laute und Wörter; wenn möglich unter Angabe der Intonation; erstes Stadium

Dritte Spalte: Als Werkzeug erarbeitete Laute und Wörter mit breiter Bedeutung; zweites Stadium

Vierte Spalte: Zusammengestellte Wort - Werkzeuge; wenn möglich unter Angabe der Intonation; Beginn des Satzes; drittes Stadium

Fünfte Spalte: Wörter und Ausdrücke in ihrer definitiven Form; Grundlage der Sprache; viertes Stadium

Der Spracherwerb kann nach Freinet durch ein unterstützendes Umfeld, das möglichst perfekte Modelle zur Verfügung stellt, eine permanente persönliche Erfahrung erleichtert, die Wiederholungen ausrichten und die Erfolge systematisieren sowie die Fehlversuche eliminieren und die Fehlerquellen verringern hilft, perfektioniert und beschleunigt werden (vgl. OPII, 231).

3.2.4.2 Begriffsbildung

Parallel zum Spracherwerb erfolgt die *Begriffsbildung,* im Verständnis Wygotskis[116]: die Tatsache, daß ein Wort eine Bedeutung annimmt.[117] Wygotski zufolge wird der entscheidende Übergang zum Begriffsdenken erst möglich, wenn das Kind in das Jugendalter eintritt. Vorher spricht Wygotski von Denkbildern, die äußerlich echten Begriffen ähnlich sehen und in funktioneller Hinsicht, so Wygotski, tatsächlich den bedeutend später auftretenden echten Begriffen äquivalent sind.[118]

Die eigentliche Begriffsbildung setzt nach Wygotski die Beherrschung des Verlaufs der eigenen psychologischen Prozesse mit Hilfe des funktionalen Gebrauchs des Wortes voraus und ist eine Funktion der sozial - kulturellen Entwicklung des Jugendlichen.[119] Die neue signifikative Verwendung des Wortes, d. h., seine Verwendung als Mittel der Begriffsbildung, ist nach Wygotski die psychologische Ursache für die intellektuelle Veränderung an der Grenze zwischen Kindes- und Jugendalter.

Damit geht Wygotski vom Grundmuster einer individualgeschichtlichen Übernahme von kollektiv geltenden vorgegebenen Bedeutungen aus. Indem der einzelne sich sprachliche Bedeutungen (aktiv) aneignet, werden gesellschaftlich - historische Erfahrungen zum Besitz seines Bewußtseins. Dieser Aneignungsprozeß ist ein Prozeß, der *von außen nach innen* verläuft.

Wygotski unterscheidet in der Begriffsbildung und -entwicklung zwischen Alltagsbegriffen[120] und wissenschaftlichen Begriffen[121]. Beide Entwicklungsverläufe sind für Wygotski innerlich eng verbunden und verlaufen entgegengesetzt.[122] Wäre der Entwicklungsweg wissenschaftlicher Begriffe eine Wiederholung der Entwicklung alltäglicher Begriffe, wären die wissenschaftlichen Begriffe im wesentlichen nur eine

---

[116] Wygotski wird 1896 geboren und entwickelt als einer der bedeutensten Psychologen der U. D. S. S. R. in der Zeit von 1924 bis 1934 sein Werk

[117] Vgl. Wygotski, L. S.: Denken und Sprechen, Frankfurt a. M. 1979, 115 - 119, hier: 116

[118] Vgl. Wygotski, L. S.: Denken und Sprechen, Frankfurt a. M. 1979, 115 - 119, hier: 115

[119] Vgl. Wygotski, L. S.: Denken und Sprechen, Frankfurt a. M. 1979, 115 - 119, hier: 118

[120] Vgl. Wygotski, L. S.: Denken und Sprechen, Frankfurt a. M. 1979, 104 ff

[121] Vgl. Wygotski, L. S.: Denken und Sprechen, Frankfurt a. M. 1979, 167 ff

[122] Vgl. Wygotski, L. S.: Denken und Sprechen, Frankfurt a. M. 1979, 254 ff

Bereicherung des Wortschatzes. Nach Wygotski keimen die wissenschaftlichen Begriffe über die Alltagsbegriffe nach unten und die Alltagsbegriffe über die wissenschaftlichen Begriffe nach oben. Die Vermittlung wissenschaftlicher Begriffe spielt damit nach Wygotski eine entscheidende Rolle in der geistigen Entwicklung.

Freinet unterscheidet nicht explizit zwischen alltäglichen und wissenschaftlichen Begriffen, unterscheidet aber wohl zwischen eigensprachlichen, erfahrungsorientierten oder lebensweltlichen (Er-) Kenntnissen (vgl. EPSII, 127 f) und Wörtern, die Beziehungen zum Ausdruck bringen, von denen das Kind noch kein experimentelles Bewußtsein hat, Wörtern, hinter denen das Kind keinen einfachen Sachverhalt und keine einfache Erfahrung ausmachen kann und die gleichsam Wort - Werkzeuge einer zweiten Stufe darstellen und als Begriffe bezeichnet werden, Wassereimern *(seaux - d´ eau)* vergleichbar, mit denen der Mensch den lebendigen Lauf des Stromes bannen, isolieren, analysieren und erfassen zu können glaubt (vgl. EPSII, 130 f), z. B. das Wort *Güte.*

Vor dem Hintergrund seiner Auffassung vom Leben als eines vitalen dynamischen Prozesses, in den das Individuum von Geburt an mit hineingenommen ist, betrachtet Freinet anders als Wygotski den Prozeß der Begriffsbildung vor allem unter dem Aspekt der individuellen und sozialen Konstruktion der kindlichen Persönlichkeit (vgl. EPSII, 127).

Das Kind konstruiert und bearbeitet sein eigenes Leben mit Hilfe der von ihm geschaffenen und ihm zur Verfügung stehenden Wort - Werkzeuge. Es bindet ein Wort - Werkzeug an ein bestimmtes Objekt, an einen ganzen Komplex von Objekten oder an eine subjektive Form von Beziehungen. Das Wort wird für sie Kennzeichen und Symbol und kann nicht mehr von ihnen gelöst werden. Das, was ein Kind mit einem Wort bzw. Begriff verbindet, ist ihm ganz persönlich eigen (vgl. EPSII, 129 f).

> In allen Bereichen sind Differenzierung und Spezialisierung ein Preis des Fortschritts. ... Das Wort - Werkzeug hat dasselbe Schicksal erlitten. Es bindet sein Schicksal an einen bestimmten Gebrauch, an ein bestimmtes Objekt oder an eine subjektive Form von Beziehungen und Verbindungen: es wird für sie Symbol und Zeichen und kann nicht mehr von ihnen gelöst werden. So ist das Wort *Güte* für mich für einen bestimmten Gebrauch spezialisiert, der mir ganz persönlich eigen ist und der an die Umstände gebunden ist, die das Experimentieren und den Gebrauch dieses Begriffs - Werkzeugs geleitet haben. Das, was ich unter diesem Wort verstehe, ist nicht dasselbe wie das, was ein anderer darunter versteht. Und darum sind in der gängigen Sprachpraxis die Mimik, die Gestik und die Intonation notwendige Ergänzungen. (EPSII, 130. Übers. R. K.)

Freinet stellt nicht die Begriffsbildung als solche in Frage. Die Verschiedenheit und Wandelbarkeit des Lebens kann nur in Begriffen erfaßt werden (vgl. EPSII, 133). Die Gefahr der Begriffe liegt darin, einen komplexen Gedanken oder Sachverhalt in einem Wort zu begrenzen und zu fixieren, ein Netz von Wassereimern an die Stelle der Ströme des Lebens zu setzen und zu vergessen, daß das Leben anders, differenzierter und umfassender ist (vgl. EPSII, 131, 133).

Neben den Wort - Werkzeugen der ersten und zweiten Stufe existieren für Freinet darüber hinaus Wörter, die als metaphysische oder tabuisierte Begriffe jeden Bezug zum Leben verloren haben (vgl. EPSII, 132).

3.2.5 Das *Profil Vital*

Das Forschungsprojekt *Pour la connaissance de l´ enfant* dient nicht nur der Überprüfung der Theorie des *experimentellen Tastens*. Um die zugleich immense praktische Bedeutung der Untersuchungen aufzuzeigen, entwickelt Freinet zusammen mit Cabanes die Idee des *Profil Vital*[123], mit dem *individuelle* Verhaltensweisen erfaßt werden sollen (vgl. Profil vital. In: L´ E 19/Juni/1949; Pour un premier bilan. In: L´ E 20/Juli/1949; Profil vital. In: L´ E 1/Okt/1949).

Verhaltensweisen eines Kindes bzw. einer Schülerin oder eines Schülers werden - in Abgrenzung zu den traditionellen Tests - in Form eines persönlichen lebendigen Profils beschrieben und dargestellt, ohne sie auf eine im Vorfeld definierte Norm zu beziehen.

Dem jeweiligen Profil Vital, das jährlich erstellt wird, liegen 129 nach Kategorien klassifizierte Items zugrunde, die nach einer Stufenskala von eins bis zehn zu bewerten sind.

---

[123] Vgl. auch Piaton, G.: La pensée pédagogique de Célestin Freinet, Toulouse: Edouard Privat 1974, 195 - 197; Barré, M.: Célestin Freinet: un éducateur pour notre temps. Tome II: Vers une alternative pédagogique de masse (1936 - 1966), PEMF: Mouans - Sartoux 1996, 96 - 98

Profil Vital[124]

---

[124] Profil Vital. In: Barré, M.: Célestin Freinet: un éducateur pour notre temps. Tome II: Vers une alternative pédagogique de masse (1936 - 1966), PEMF: Mouans - Sartoux 1996, 97

Profil Vital[125]

Name des Schülers/der Schülerin

Geburtsdatum

Schule

1 2 3 4 5 6 7 8 9 10

Fundamentale Elemente der Kraft

1. Gesundheit der Eltern

2. Alter der Eltern

3. Soziales Milieu der Eltern

4. Natürliche Umgebung

5. Wohnung

6. Zusammensetzung der Familie

7. Schwangerschaft

8. Geburt

9. Gewicht des Kindes

10. Ernährung von 0 bis 1 Jahr

11. Berufstätigkeit der Mutter

12. Erste Schritte

13. Erste Wörter

14. Reinlichkeit

15. Daumenlutschen

16. Schwere Krankheiten

17. Verlust des Vaters

18. Verlust der Mutter

19. Stiefmutter und Stiefvater

20. Betreuung durch ein Kindermädchen

21. Betreuung außerhalb des Hauses

22. Familiäres Gleichgewicht

Unzulänglichkeiten

a) Allgemeine Unzulänglichkeiten

23. Unzulänglichkeit des experimentellen Tastens

24. Unzulänglichkeit der Zuflucht zur Familie

25. Unzulänglichkeit der Zuflucht zur Natur

---

[125] In: Barré, M.: Célestin Freinet: un éducateur pour notre temps. Tome II: Vers une alternative pédagogique de masse (1936 - 1966), PEMF: Mouans - Sartoux 1996, 97. Übers. R. K.

1 2 3 4 5 6 7 8 9 10

26. Unzulänglichkeit der Zuflucht zur Gesellschaft

27. Unzulänglichkeit der Zuflucht zu Eigenarten

b) Unzulänglichkeiten in Gesundheit und Kraft

28. Schwäche und Ohnmacht

29. Ermüdbarkeit

30. Eifer, Temperament, Elan

31. Beharrlichkeit, Mut

32. Gemächlichkeit, Faulheit

33. Kühnheit, Tollkühnheit

34. Unzufriedenheit oder Fröhlichkeit

35. Passivität oder Aktivität

36. Manuelle Geschicklichkeit

37. Scharfsinn

38. Reinlichkeit

39. Eitelkeit, Schmuck, Natürlichkeit

40. Neid, Eifersucht

41. Wohlbefinden und Behaglichkeit

c) Schwere Konstitutionsschwächen

42. Boshaftigkeit, Grausamkeit

43. Verleumdung, Denunziation

44. Fixe Ideen und Ticks

45. Fehler, Irrtümer, Nachlässigkeiten

46. Gedankenlosigkeit, Traumtänzerei

47. Orientierungsvermögen

48. Häufigkeit der Stürze

49. Schwindel, Gleichgewicht

d) Unzulänglichkeiten der Verdauung

50. Schlemmerei, Naschhaftigkeit

51. Heißhunger, Angemessenheit, Mäßigkeit

52. Geiz, Freigebigkeit

53. Egoismus

54. Sinnlichkeit

55. Vorliebe für Gewinnspiele

e) Unzulänglichkeiten der Atmung

56.   Unschlüssigkeit, Entscheidungsfreudigkeit

57.   Furcht, Sicherheit

58.   Sitzende oder aktive Tätigkeiten

59.   Listen, Schmeicheleien

f) Nervöse, motorische und das vitale Gleich-
gewicht betreffende Unzulänglichkeiten

60.   Ausgeglichenheit im Humor

61.   Instabilität, Gleichgewicht

62.   Selbstsicherheit

63.   Gewohnheiten, Automatismus

64.   Heftigkeit, Gewalt, Wut

65.   Schüchternheit, Angst, Kaltblütigkeit

66.   Resignation

67.   Aufbegehren

68.   Erregbarkeit

69.   Nervöse Anzeichen

70.   Lügen, Wahrheit

71.   Vorliebe für mechanische Spiele

72.   ?

g) Die Drüsen betreffende Unzulänglichkeiten

73.   Schlechte Laune, Nervenschwäche

74.   Frechheit, Grobheit

75.   Naivität, Vertrauen

h) Sexuelle Unzulänglichkeiten

76.   Stolz, Bescheidenheit

77.   Verstohlene Blicke

78.   Natürliche und liederliche Erfahrungen
      mit den Geschlechtsteilen

79.   Onanie

i) Unzulänglichkeiten in den Erfahrungen
und den Kenntnissen

80.   Angst vor Neuem

	1 2 3 4 5 6 7 8 9 10

81. Geschwätzigkeit, Erfindungsgabe

82. Dummheiten

83. Zerfahrene Vorstellungen

84. Unruhe, Fragen

j) Intellektuelle und schulische Unzulänglichkeiten

85. Aufmerksamkeit

86. Gedächtnis

87. Vorstellungskraft

88. Intelligenz im allgemeinen

89. Urteilsfindung

90. Schlußfolgerung

91. Geistige Verarbeitung

92. Neugierde, Wissensdurst

93. Wissenschaften

94. Literatur

95. Kunst

96. Mathematik

97. Manuelle Arbeiten

98. Kritischer Geist, Auseinandersetzung

99. Allgemeines schulisches Verhalten

100. Kameradschaft

k) Familiäre Unzulänglichkeiten

101. Unzulänglichkeiten des Vaters

102. Unzulänglichkeiten der Mutter

103. Fixierung auf den Vater

104. Fixierung auf die Mutter

105. Nicht genügend Geschwister

106. Zu viele Geschwister

l) Affektive Unzulänglichkeiten

107. Übertriebener und systematischer Widerstand

108. Übertriebene und krankhafte Anhänglichkeit

109. Gefühl für Würde

3.3 Die natürliche Methode des Erstschreibens und Erstlesens

Die Frage nach dem Erstschreiben und Erstlesen führt ein in die Geschichte der Schule mit ihrer Methodik und Didaktik.

3.3.1 Zum historischen Kontext

Alle Versuche, die vielfältigen historischen Erscheinungen von religiösen Klosterschulen, Grammatikschulen, Stadt- und Schreibschulen als Vorformen der späteren Primarschule zu bestimmen, sind nur bei oberflächlicher Betrachtung aufrechtzuerhalten: Es handelt sich um Konstruktionen mit dem Ziel, eine kontinuierliche Entwicklung der Schule von der Antike über das Mittelalter bis in unsere Zeit hinein zu konstruieren und das gesellschaftlich späte Produkt der Primarschule auf frühere Erscheinungsformen zurückzuprojizieren, ohne auf deren spezifische Funktion und Form näher einzugehen.[126]

Vorläufer der späteren Primarschulen finden sich zum ersten Mal in den *Kleinen Schulen*, wobei die *Kleinen Schulen von Port - Royal*, die im Jahre 1643 von den Jansenisten in der Gegend um Port - Royal - des - Champs eröffnet und etwa drei Jahre später nach Paris in die Sackgasse der Rue Saint - Dominique d′ Enfer verlegt werden[127], besondere Beachtung verdienen. Obwohl diese Schulen aufgrund der Ereignisse des Bürgerkriegs und vielfältiger Schikanen von seiten der Jesuiten bereits 1660 wieder geschlossen werden, d. h. nur gut fünfzehn Jahre überleben, und immer nur etwa fünfzig Kinder auf einmal aufnehmen können, d. h. faktisch nur für eine kleine Zahl von Schülerinnen und Schülern Bedeutung erhalten, sind sie von entscheidender Wichtigkeit.[128]

Mit der Verbindung von zwei bis dahin voneinander unabhängigen kulturellen Praktiken unterschiedlicher Herkunft: dem Lesen aus der religiös - literarischen Kultur und dem Rechnen und Schreiben aus der Welt des Handwerks und des Handels, die allerdings noch lange Zeit voneinander unabhängig und in verschiedener Abfolge

---

[126] Vgl. Nieser, B.: Die Entstehung der Schule als Institution bürgerlicher Gesellschaft. Vergleichende Untersuchung der instituionalisierten Erziehung und Bildung am Beispiel Frankreichs, Frankfurt a. M. 1978, 35, 110

[127] Vgl. Les pédagogues de Port - Royal - des champs. In: Palermo, J.: Histoire des institutions et des doctrines pédagogiques par les textes, Paris: Editions S. U. D. E. L. 1958, 181 - 186; Carré, I.: Les pédagogues de Port - Royal. Histoire des Petites Écoles. Notices, Extraits et Analyses avec des notes, Genève: Slatkine Reprints 1971; Gal, R.: Histoire de l′ éducation, Paris: Presses Universitaires de France 101979 (1948), 73 - 75

[128] Vgl. Durkheim, E.: Die Entwicklung der Pädagogik. Zur Geschichte und Soziologie des gelehrten Unterrichts in Frankreich (L′ évolution pédagogique en France), Weinheim und Basel 1977, 246

unterrichtet werden, mit der Einführung von Französisch als Unterrichtssprache und mit der Zielsetzung, die eigene Urteilskraft der Kinder zu entwickeln, bilden die *Kleinen Schulen* die Grundlagen des Primarschulwesens.[129]

Zunächst beschränken sich die Kleinen Schulen auf die Anfänge des Schreibens. Die Vervollständigung der Schrift überlassen sie den Schreibschulen, die aufgrund eines Patents König Charles IX das Recht auf Schreib- und Rechenunterricht besitzen. Später dann wird es auch den Kleinen Schulen ermöglicht, Schreiben zu lehren, und zwar unter der Bedingung, daß die verwendeten Beispiele drei Linien nicht überschreiten. Auf der anderen Seite dagegen wird den Schreibmeistern untersagt, beim Lehren der Orthographie zugleich auch das Lesen zu lehren. Eine weitere Neuheit dieser Schulen ist, daß sie sich im Unterschied zu den Schreibschulen an eine fest umrissene Altersgruppe wenden, an Kinder von fünf bis elf Jahren.

Im Jahre 1684 nimmt sich der von Jean - Baptist de la Salle gegründete Orden *Frères de la doctrine chrétienne* des Elementarunterrichts an. Es handelt sich um einen Lehrorden mit dem Ziel, Schulen für die Kinder der Arbeiterklasse zu gründen.[130]

Die wichtigste Neuerung in diesen Schulen stellt die Organisation innerhalb des Schulraumes dar.[131] Der Schulraum wird wie eine große Lernmaschine organisiert. Jedem Kind wird ein fester Platz zugewiesen. Der Lernvorgang wird in einzelne Lernschritte zerlegt und die für jeden Schritt benötigte Zeit genau festgelegt, wodurch es zugleich möglich wird, wesentlich größere Kinderzahlen als bisher zu unterrichten. Jeglicher Leerlauf des einzelnen Kindes wird verhindert und auf die Ausnützung einer jeden Minute geachtet.[132]

Durch die Einführung eines festen Programms, das es vom sogenannten *normalen*

---

[129] Vgl. Nieser, B.: Die Entstehung der Schule als Institution bürgerlicher Gesellschaft. Vergleichende Untersuchung der instituionalisierten Erziehung und Bildung am Beispiel Frankreichs, Frankfurt a. M. 1978, 108 f, 110 f; Nieser folgt im wesentlichen der Darstellung von Ariès, Ph.: L´ enfant et la vie familiale sous l´ ancien régime, Paris 1973, 318 ff; bzgl. der "Kleinen Schulen von Port - Royal" vgl. Les pédagogues de Port - Royal - des champs. In: Palermo, J.: Histoire des institutions et des doctrines pédagogiques par les textes, Paris: Editions S. U. D. E. L. 1958, 181 - 186

[130] Vgl. Les frères des écoles chrétiennes. In: Palermo, J.: Histoire des institutions et des doctrines pédagogiques par les textes, Paris: Editions S. U. D. E. L. 1958, 175 - 180; Rigault, G.: L´ institut des frères des écoles chrétiennes, Abbeville: Bernard Grasset 1928; Gal, R.: Histoire de l´ éducation, Paris: Presses Universitaires de France [10]1979 (1948), 67 - 69

[131] Vgl. Nieser, B.: Die Entstehung der Schule als Institution bürgerlicher Gesellschaft. Vergleichende Untersuchung der instituionalisierten Erziehung und Bildung am Beispiel Frankreichs, Frankfurt a. M. 1978, 114 f

[132] Vgl. Focault, M.: Surveiller et punir, 148 ff; nach Nieser, B.: Die Entstehung der Schule als Institution bürgerlicher Gesellschaft. Vergleichende Untersuchung der instituionalisierten Erziehung und Bildung am Beispiel Frankreichs, Frankfurt a. M. 1978, 114

Schüler zu erreichen gilt, entsteht eine *objektive* Wertskala. Prüfungsarbeiten ermöglichen dem Lehrer ein Wissen über jedes einzelne Kind und seine Einordnung in den normalen Lernprozeß. Die Kinder werden unterteilt in die Schwächsten, Mittleren und Besten. Im Gegensatz zum Mittelalter, wo das Examen nur ein Ausdruck der Professionalisierung der Lehrer - Korporation ist, hat es hier eine andere Funktion. Es hebt die Differenzierung der Kinder auf eine sichtbare *objektive* Ebene.[133]

Mit dieser neuen Unterrichtsorganisation einher geht die Entwicklung eines Systems von Überwachung und Disziplinierung der Kinder. Auch das Nichterreichen eines vorgeschriebenen Übungs- und Lernziels wird bestraft, das gegenseitige Anzeigen gestattet.

3.3.2 Erstschreiben und Erstlesen in der Theorie Freinets

Wenn Freinet im Zusammenhang mit dem Schreib- und Leseerwerb von *natürlicher* Methode spricht, ist damit kein methodisch - didaktisch ungesteuerter Prozeß gemeint.[134] Die Definition und die Bedingungen dieses Prozesses sind jedoch andere als die traditioneller Methodik, die in der Abfolge: Lesen, Schreiben, schriftliche Wiedergabe des Denkens (vgl. OPII, 313) verfährt.

> Wir werden zeigen, wie Schreiben und Lesen durch die natürliche Methode
> Teil ein- und desselben Ausdrucksprozesses sind, dessen erstes Element der
> Spracherwerb darstellt. ... Die natürliche Methode des Lesens wie des
> Schreibens ist zunächst Ausdruck und Kommunikation, und zwar durch die
> Fürsprache schriftlicher Zeichen, selbst wenn die Mechanik hier nur
> unvollkommen angepaßt ist. Das Wesentliche ist dann, durch die Zeichen
> hindurch den Gedanken oder die Hinweise, die sie zum Ausdruck bringen, zu
> verstehen oder zu erraten. Hier kann sich jeder durch experimentelles Tasten,
> sei es im Sinne der Ganzheitsmethode, der analytischen Methode oder beider

---

[133] Vgl. Nieser, B.: Die Entstehung der Schule als Institution bürgerlicher Gesellschaft. Vergleichende Untersuchung der instituionalisierten Erziehung und Bildung am Beispiel Frankreichs, Frankfurt a. M. 1978, 117

[134] Vgl. dazu Dumas, G.: Pour une pédagogie du sujet. Mérites et limites de Freinet. In: Clanché, P., Debarbieux, E., Testanière, J. (Hrsg.): La pédagogie Freinet. Mises à jour et perspectives, Bordeaux: Presses Universitaires de Bordeaux 1994, 97 - 105; vgl. in diesem Zusammenhang weiter Jardiné, M.: Pensée naturelle et méthode naturelle. In: Clanché, P., Testanière, J. (Hrsg.): Actualité de la pédagogie Freinet, Bordeaux: Presses Universitaires de Bordeaux 1989, 203 - 213; vgl. auch Dietrich, I., Hövel, W.: Freinet - Pädagogik und Fremdsprachendidaktik. In: Dietrich, I. (Hrsg.): Handbuch Freinet - Pädagogik. Eine praxisbezogene Einführung, Weinheim und Basel 1995, 218 - 240, hier: 234 f

zugleich, seiner Veranlagung entsprechend einbringen. (OPII, 235, 237. Übers. R. K.)

Die natürliche Methode des Schreiben- und Lesenlernens beschreibt für Freinet einen *Ausdrucks-, Kommunikations- und Konstruktionsprozeß,* der in einem Dreischritt erfolgt: ausgehend vom Ausdruck der gesprochenen Sprache, über den geschriebenen Ausdruck durch die Vermittlung von Zeichen hin zum Wiedererkennen und Verstehen des handgeschrieben oder gedruckt Ausgedrückten, der Wörter und Sätze, d. h. zum Lesen (vgl. auch OPII, 309, 313).

Dieser Prozeß verläuft auf der Grundlage *experimentellen Tastens,* d. h. durch automatische Wiederholung gelungener Versuche und durch instinktives Sich - Herantasten an Modelle, die mit maximaler Perfektion imitiert werden, und damit zugleich der Schule eine große Bedeutung zuschreiben. Der für das experimentelle Tasten erforderliche Antrieb liegt sowohl in dem Bedürfnis des Kindes nach Perfektion und Kraft als auch in Einrichtungen wie der Klassen- oder Schulkorrespondenz (vgl. OPII, 313).

Indem Freinet den Schreib- und Leseerwerb als Ausdrucks- und Kommunikationsprozeß interpretiert, grenzt er sich auf fundamentale Weise von der Theorie Wygotskis ab, der sich ebenfalls intensiv der besonderen sprachlichen Funktion der schriftlichen Sprache gewidmet hat.

Wygotski folgend ist die Abstraktion und damit die *Verinnerlichung* das zentrale Merkmal der Schriftsprache. Für ihre auch nur minimale Entwicklung setzt die Schriftsprache nach Wygotski ein hohes Maß an Abstraktionsvermögen voraus. Sie ist eine Sprache im Denken, in der Vorstellung, der das wesentlichste Merkmal der mündlichen Sprache fehlt: der materielle Laut. Das Kind steht mit der Schriftsprache vor einer neuen Aufgabe. Es soll von der sinnlichen Seite der Sprache abstrahieren und zu einer abstrakten Sprache übergehen, die nicht Wörter, sondern die Vorstellung von Wörtern benutzt. Die Abstraktheit der Schriftsprache, d. h., daß diese Sprache nur *gedacht, nicht ausgeprochen* wird, bildet nach Wygotski eine der größten Schwierigkeiten, sie zu erlernen. Die Abstraktheit der schriftlichen Sprache zeigt sich nach Wygotski noch auf einer anderen Ebene: sie ist eine Sprache ohne Gesprächspartner. Die schriftliche Sprache fordert damit nach Wygotski vom Kind eine doppelte Abstraktion: von der lautlichen Seite und vom Gesprächspartner und damit von der Motivation.

Neben der Abstraktion ist die Willkürlichkeit nach Wygotski ein weiteres Kennzeichen der schriftlichen Sprache. Das Kind muß sich die lautliche Struktur des Wortes bewußt machen, das Wort zergliedern und in den Schriftzeichen reproduzieren.

Das dritte Merkmal der schriftlichen Sprache ist nach Wygotski ihre größere Absichtlichkeit. Die schriftliche Sprache ist eine auf maximale Verständlichkeit für andere Personen gerichtete Sprache. Alles muß in ihr bis zu Ende gesagt werden. Das, was in der mündlichen Sprache weggelassen werden kann, muß in der geschriebenen Sprache gesagt werden.

Die Motive der geschriebenen Sprache sind also nach Wygotski abstrakter, willkürlicher, absichtlicher und damit intellektualistischer und beruhen in weniger starkem Maße auf einem Bedürfnis.[135]

Freinet konzipiert seinen Ansatz zum Schriftspracherwerb, d. h. zum Schreiben und Lesen, ausgehend von Beobachtungen an seiner Tochter Madeleine, genannt Balouette, auf der Grundlage der Theorie des experimentellen Tastens (vgl. Une expérience vécue. In: OPII, 245 - 289[136]).

3.3.2.1 Erste Stufe des Schriftspracherwerbs nach Freinet

Die *erste Stufe* des Schriftspracherwerbs nach Freinet umfaßt die *gesprochene Sprache* und den *Spracherwerb* durch lebendiges experimentelles Tasten, gefördert durch ein unterstützendes Umfeld. Über die gesprochene Sprache erarbeitet das Kind sich die Bedeutung und den psychischen Ausdruck der Wörter. Die Tiefe und der Reichtum dieser ersten tastenden Eroberung bilden die Grundlage, aus der heraus sich die Schnelligkeit und die Sicherheit aller späteren Eroberungen bestimmen. Diese erste Stufe ist nach Freinet von zentraler Wichtigkeit und wird von den traditionellen Methoden des Schreibens und Lesens, die sich in einem geschlossenen verschulten Kreis bewegen, fälschlicherweise fast nie beachtet. Die natürliche Methode des Erstschreibens und -lesens setzt das *Leben* an die erste Stelle (vgl. auch OPII, 235; 314 f) und ist nicht eine bloße (handwerkliche) Technik, sondern eine *Methode des Lebens:* une méthode de vie (OPII, 314) mit dem Ziel, die eigenen Konstruktionsprozesse des Kindes zu fördern und sein Gleichgewicht und seine Lebenskraft zu steigern (vgl. OPII, 296).

3.3.2.2 Zweite Stufe des Schriftspracherwerbs nach Freinet

Die *zweite Stufe* des Schriftspracherwerbs nach Freinet bildet das *Schreiben*, das sich in verschiedenen Schritten vollzieht. Der erste Schritt ist die *einfache Zeichnung*. Das Kind

---

[135] Vgl. Wygotski, L. S.: Denken und Sprechen, Frankfurt a. M. 1979, 223 ff

[136] In Auszügen übersetzt in: Boehncke, H., Humburg, J. (Hrsg.): Schreiben kann jeder. Handbuch zur Schreibpraxis für Vorschule, Schule, Universität, Beruf und Freizeit, Reinbek b. Hamburg 1980, 32 - 61

übt seine Hand und sucht aus den unzähligen Formen die heraus, die ihm am meisten Vergnügen bereiten. Diese Formen zeichnet es weiterhin lieber und häufiger als die anderen. Im Anfangsstadium ist das Zeichnen für Freinet noch nicht eigentlicher Ausdruck (von etwas) und auch noch nicht bewußte Kommunikation. Es ist ausschließlich ein aktives tastendes Suchen und Forschen (vgl. OPII, 257). Hier zeigt sich für Freinet in seinem konstruktiven Kern das experimentelle Tasten.

> Etwas, das gelungen ist, wird häufiger wiederholt, als ein weniger geglückter Versuch. Dies entspricht einem Gesetz von Sicherheit und Ökonomie, das Teil unseres natürlichen Verhaltens ist. (OPII, 248; zit. n. Boehncke/Hum- burg, 34)

In einem zweiten Schritt dieser Stufe entsteht die *explikative Zeichnung*. Das Kind bemerkt, das seine Zeichnung etwas darstellt. Angeregt durch einen Hinweis, eine Frage oder einen Vorschlag erkennt es in der Zeichnung ein Haus, ein Pferd oder ein Kind und orientiert von diesem Augenblick an seine Zeichnungen mehr oder weniger unbewußt an fundamentalen Charakteristika der Dinge, die es verbal definieren kann. Auch dieser Prozeß, der zu immer differenzierteren Erklärungen der Zeichnung führt, entspricht für Freinet dem experimentellen Tasten.

> Wie man sieht, deckt sich die *nachträgliche* Erklärung vollkommen mit dem Gesetz des Tastens, das die Entwicklung des kindlichen Zeichnens bestimmt. Es ist in keiner Weise das Denken, das den kreativen Akt anleitet und reguliert. Am Anfang steht das Schaffen, aus dem die Erklärung, der Vergleich und das Denken hervorgehen. (OPII, 252. Übers. R. K.)

Ein entscheidender dritter Schritt zum Schreiben vollzieht sich, wenn die Erklärungen nicht mehr mündlich, sondern *schriftlich*, in Form schneller Bleistiftbewegungen gegeben werden, wobei das Kind Elemente, die es in seinem Umfeld wahrnimmt, übernimmt, z. B. das Unterstreichen der Unterschrift, und auch hier immer nach dem Gesetz verfährt, einmal Gelungenes zu wiederholen (vgl. OPII, 259 - 265). In dem Maße wie die geschwungenen Linien sich zunehmend differenzieren und zu ersten konkreten Zeichen kristallisieren, z. B. zu einem Kreuz, das ein "t" nachahmt, wird die autonome Geschichte des Schreibens eingeleitet. Der *i. e. S. schriftliche Ausdruck* nimmt seinen Anfang in dem Bedürfnis, Modelle zu imitieren (Texte in Büchern; Erwachsene oder andere Kinder, die schreiben), verselbständigt sich später, bleibt aber immer an ein Ziel gebunden, das mit der Brieffreundschaft gegeben ist und durch die Druckerei gestützt wird (vgl. OPII, 267 - 272). Auch hier verfährt das Kind ganz gemäß dem experimentellen Tasten und erarbeitet sich zunächst durch Tasten und Wiederholen bestimmte Wörter, z. B. die Anfangs- und

Schlußformel eines Briefes. Freinet analysiert den Prozeß der *schriftlichen Wortbildung*, indem er fünfzig im Laufe des Jahres 1936 erstellte schriftliche Dokumente seiner zu diesem Zeitpunkt sechsjährigen Tochter Balouette auf ihre Rechtschreibung (Steigerung von elf auf vier- hundert korrekt geschriebene Wörter) und Fehlerquellen (z. B. Verwechselung von "be", "ve" und "fe") hin untersucht (vgl. OPII, 296 ff; 305 ff). Balouette erarbeitet sich die schriftliche Gestalt der ihr bekannten Wörter entweder durch Nachahmung eines Modells oder durch eigene phonetische Konstruktion, die sie immer weiter perfektioniert bis ihre Wörter sich möglichst exakt der offiziellen graphischen Figur der Wörter angleichen. Diese Vervollkommnung bedeutet zugleich ein immer tieferes Eindringen in den Prozeß des Erkennens der Zeichen und damit des Lesens (vgl. OPII, 291).

3.3.2.3 Dritte Stufe des Schriftspracherwerbs nach Freinet

Die *dritte Stufe* des Schriftspracherwerbs nach Freinet umfaßt das *Lesen*, das sich ebenfalls in verschiedenen Schritten oder Phasen vollzieht und sowohl Aspekte der Ganzheitsmethode wie auch der analytischen Methode enthält. In einer *ersten ganzheitlichen Phase* macht das Kind sich mit der graphischen Gestalt der Wörter, die es kennt, und der Sätze vertraut. In einer *zweiten Phase aktiver Wiederherstellung* geht das Kind nach einer eigenen Technik, die es immer mehr verbessert, analytisch vom Element, von den phonetischen Zeichen der Wörter und Ausdrücke, aus und gelangt zur lebendigen Synthese des Wortes. Im Laufe der *dritten Phase* kehrt das Kind zum *ganzheitlichen Erkennen* zurück. Es liest flüssig, es stockt nicht, d. h., es entziffert nicht mehr. Wenn dem so wäre, wenn das Kind auf dieses Hilfsmittel zurückgreifen müßte, würde es damit deutlich machen, daß es den *Sinn* nicht verstanden hat (vgl. OPII, 293). Das Kind bereichert nach Freinet selbst aktiv seinen Wortschatz, indem es sowohl in der geschrieben wie in der gesprochenen Sprache ihm bislang unbekannte Wörter aus dem Gesamtsinn des Satzes erschließt (vgl. OPII, 295). Wenn die Zahl der in einem Text erkannten Wörter nicht ausreicht, um das Ausgedrückte zu verstehen, kann das Kind diesen Text nicht lesen.

Balouette selbst drückt dieses folgendermaßen aus:

> Ah! Ich habe verstanden ... Manchmal kann man lesen, ohne lesen zu können.
> Man kann das Wort lesen, aber man weiß nicht, was es sagen will. Das ist so,
> als wenn man nicht lesen könnte. (OPII, 292. Übers. R. K.)

Hier liegt für Freinet der zentrale Unterschied zwischen den traditionellen Methoden des Lesens und Schreibens und der natürlichen Methode. Die traditionellen Methoden sind *mechanistische* Methoden, d. h., das Kind kann *entziffern*, es kann aber nicht lesen, d. h. es kann den Sinn des Entzifferten nicht begreifen und sich selbst und sein Leben nicht wiederfinden (vgl. OPII, 235).

Von hierher erklärt sich für Freinet, daß die traditionelle Methodik das Phänomen des *Durchbruchs* zum Lesen und Verstehen (le phénomène de l' explosion) oft nur als *Geheimnis* betrachten kann (vgl. OPII, 292). Mit der *natürlichen* Methode lernt das Kind lesen und ebenso schreiben, *bevor* es über die grundlegenden Basismechanismen verfügt. Es gelangt auf anderen, komplexen Wegen zum Lesen, die ein *ganzheitlicher* Ausdruck seiner sozialen Beziehungen und seines sozialen Umfelds sind und die das schulische und verschulte Milieu durchdringen (vgl. OPII, 238). Die natürliche Methode ermöglicht es

> auf Anhieb, ohne die verschulte Phase des Lesens bzw. Entzifferns von Zeichen, die man nicht versteht, zu durchlaufen, zum wirklichen Sinn des Lesens zu kommen, der nicht aus sterilen Übungen der Phonetisierung von geschriebenen oder gedruckten Zeichen besteht, sondern ein Wiedererkennen des durch Vermittlung dieser Zeichen ausgedrückten Gedankens ist. (OPII, 292. Übers. R. K.)

Die Gefahr der traditionellen Methodik, die umgekehrt verfährt und das Vokabular der Kinder mit Wörtern anreichert, die für sie keine Bedeutung haben, liegt für Freinet darin, die Kinder daran zu gewöhnen, etwas zu lesen, das sie nicht verstehen, den Prozeß der Mechanisierung vor die offene Teilnahme am Inhalt des Textes zu stellen und dieses mit einer Selbstverständlichkeit, das sie für die Anomalie dieses Vorgangs nicht mehr empfänglich sind (vgl. OPII, 292).

3.3.2.4 Die Bedeutung der Grammatik

Sprechen, Schreiben und Lesen entsprechen für Freinet den *natürlichen* Vorgängen des Laufenlernens oder Fahrradfahrens. Im *Anfangsstadium* des Sprach- wie des Schriftspracherwerbs ist daher für Freinet die Vermittlung grammatischer Regeln unnötig, wenn nicht sogar schädlich (vgl. OPII, 349 - 357).[137] Freinet unterscheidet ausdrücklich

---

[137] Vgl. in diesem Zusammenhang Schneuwly, B.: Vygotsky, Freinet et l' écrit. In: Clanché, P., Debarbieux, E., Testanière, J. (Hrsg.): La pédagogie Freinet. Mises à jour et perspectives, Bordeaux: Presses Universitaires de Bordeaux 1994, 313 - 323, hier: 319 - 321 (L' apprentissage du langage écrit). Schneuwly sieht Beziehungen zwischen der Theorie Freinets und Wygotskis Unterteilung in "la

zwischen Orthographie und Grammatik (vgl. OPII, 345 - 347). Insbesondere die Orthographie, aber auch die Grammatik ist für Freinet in erster Linie gesellschaftliche Übereinkunft (vgl. OPII, 345).

> *Es gibt keine Beziehung zwischen der Kenntnis der Grammatikregeln und der korrekten Praxis der Sprache.* So wie es keine Beziehung zwischen der Kenntnis der Regeln der Mechanik und der Beherrschung des Gleichgewichts auf dem Fahrrad gibt. ... Wir diskutieren hier nicht den Wert und die mögliche Tragweite grammatischen Unterrichts im Zusammenhang einer tiefgrei-fenden und menschlichen Bildung. *Wir sagen nur, daß unter praktischen Gesichtspunkten und im Anfangsstadium dieser Unterricht weder unersetzlich noch notwendig ist. Er ist keine Bedingung* sine qua non *des korrekten Erwerbs des schriftlichen Ausdrucks.* (OPII, 233. Übers. R. K.)

Mit seiner Theorie des *experimentellen Tastens* und den mit ihr korrespondierenden *natürlichen Methoden* stellt Freinet nicht nur die traditionellen Unterrichtsmethoden zur Diskussion, sondern darüber hinaus die traditionelle Schule selbst mit ihren Zielen, Lebens- und Arbeitsweisen, mit ihrer Organisation, ihren Gesetzmäßigkeiten und ihrer Moral, die durch diese Methoden konstituiert werden (vgl. OPII, 227).

3.4 Die Psychopädagogik Freinets

Essai de psychologie sensible appliquée à l´ éducation entsteht während der Jahre des Exils in Vallouise (1942/43) parallel zu *Education du travail*[138].

Während Freinet in *Education du travail* die klassische antike Technik des philosophischen Dialogs benutzt[139], hier zwischen dem Dorfschullehrer M. Long und dem Schäfer Mathieu[140], ist *Essai de psychologie sensible* eine eher systematische Darstellung. *Essai de psychologie sensible* ist in direkter Sprache geschrieben: der *Sprache des Volkes.* Viele Sachverhalte sind in Bildern dargestellt:

---

préhistoire de l´ écrit" und "l´ *histoire* individuelle de l´ écrit".

[138] Vgl. Freinet, M.: Biographische Angaben. In: Freinet, C.: Pädagogische Werke. Teil 1 (PWI), hrsg. v. Jörg, H., unter Mitw. v. Zillgen, H., Paderborn 1998, 9 - 13, hier: 12

[139] Vgl. Bens, J.: Die erzieherische Kraft der Arbeit. In: Freinet, C.: Pädagogische Werke. Teil 1 (PWI), hrsg. v. Jörg, H., unter Mitw. v. Zillgen, H., Paderborn 1998, 151 - 152, hier: 151

[140] Der Schäfer Mathieu ist auch Hauptperson des 1959 (Neuchâtel: Delachaux et Niestlé) erschienenen Werks Freinets *Les dits de Mathieu.*

Ich habe aus meinem Vokabular die hermetische Sprache der Spezialisten verbannt, um nur die direkte Sprache des Volkes zu verwenden. Ich habe aus meinen Demonstrationen die traditionellen philosophischen Abstraktionen entschlossen verbannt, um unaufhörlich mit Hilfe von Bildern auf offene[141] und synthetische Entwicklungen zurückzugreifen, in denen Subjekt und Objekt keineswegs getrennte metaphysische Entitäten sind, sondern im Gegenteil konstruktive Elemente einer umfassenden Aktivität, die eine Einheit bilden und die es zu ordnen und auszurichten gilt. (EPSI, 9. Übers. R. K.)

Freinet bezeichnet dieses als den Versuch, die geschlossene wissenschaftliche Welt mit einer neuen Theorie zu konfrontieren, und macht auf die Gefahr aufmerksam, deren Begrifflichkeit vorschnell zu kategorisieren (vgl. EPSI, 9 f).

Essai de psychologie sensible ist eine offene und unabgeschlossene Theorie, die insgesamt fünfundzwanzig Gesetze[142] umfaßt, wobei diese Gesetze keine Gesetze im klassischen Sinn darstellen, die mathematisch - naturwissenschaftlich eindeutig festgeschrieben werden könnten,[143] und die als *Psychopädagogik* (vgl. EPSI, 9) auf neue Weise das Verhältnis von Pädagogik und Psychologie definiert (vgl. EPSI, 7).

Freinet entwickelt sein Verständnis einer *Psychopädagogik* in Auseinandersetzung mit Aebli sowie Decroly (Pädagogik als angewandte Wissenschaft auf der Grundlage von Biologie, Psychologie, Soziologie/vgl. L´ IE 38/Jan/1931, 97 - 99[144]) und wendet sich ausdrücklich gegen ein Verständnis von Psychopädagogik als Anwendung von Methoden der experimentellen Psychologie zur Erforschung des (intellektuellen) Lernens unter künstlichen Laborbedingungen (vgl. Freinet, C.: Enfance N° 5, Novembre et Décembre. In: L´ E 11/März/ 1952, 346 - 349, hier: 348).

Freinet wendet sich weiter gegen jede metaphysische Abstraktion, um

aus dem gelebten Augenblick den historischen Prozeß in seinem doppelten

---

[141] Jörg übersetzt hier wie auch an anderen Stellen *sensible* mit *sinnlich* (vgl. EOZ, 160 f)/vgl. *Einleitung*.

[142] In seinem Werk *L´ expérience tâtonnée, Brochures d´ Education Nouvelle Populaire (BENP 36), 1948* verkürzt Freinet seine Theorie auf zwanzig Gesetze. So werden z. B. Gesetz eins: *Das Leben ist* und Gesetz zwei: *Der dynamische Charakter des Lebens* zusammengefaßt.

[143] Vgl. auch Eppinger, M.: Freiheit und Verhalten. Ein Beitrag zur Kritik des radikalen Behaviorismus nach B. F. Skinner aus philosophisch - anthropologischer Perspektive, München 1983, 42 ff. Eppinger weist unter Bezug auf Schwemmer darauf hin, daß die Anwendbarkeit des naturwissenschaftlichen Erklärungsmodells auf Kulturwissenschaften fraglich ist (vgl. ebd., 44).

[144] Übersetzt in: Kock, R. (Hrsg.): Célestin Freinet. Methoden der Emanzipation und Techniken des Unterrichts, Frankfurt a. M. 1999, 45 - 49, hier: 46

Aspekt: dem individuellen und dem sozialen hervorgehen zu lassen. (EPS I, 7.

Übers. R. K.)

Von hierher erklärt sich der Vorbehalt Freinets den verschiedensten Konzeptionen, Systemen und Methoden gegenüber, die Theorie und Praxis trennen, d. h.: seine Orientierung hin zu einer Wissenschaft, deren erste Bedingung die Praxis ist (vgl. EPSI, 7).

3.4.1 Methode und Technik

Freinet weist für seine Theorie eine dualistische Subjekt - Objekt - Vorstellung zurück. Für den Methodenbegriff Freinets resultiert daraus, daß *Methode* im Verständnis Freinets nicht als Vermittlung zwischen oder Relationierung von Sache und Kind definiert sein kann. Der Begriff *Methode* im Werk Freinets beschreibt eine grundlegende Handlungslinie, einen Weg und eine Richtung, die den unterrichtlichen und schulischen Rahmen mit einbeziehen und übersteigen und eine Gesamtkonzeption vom menschlichen Leben und Werden umfassen, und begründet eine eigene Dynamik (vgl. L´ EP 10/Febr/37, 207 - 213).

> Eine Methode ist nötig für jeden, der die Absicht hat, sich und andere Wege zu
>
> führen, die nicht immer wissenschaftlich oder philosophisch bestimmt sind. ...
>
> Sie (die pädagogische Methode, R. K.) ist mehr eine Richtung als ein Rahmen,
>
> eine Handlungslinie, ein Weg, auf dem wir glauben, uns engagieren zu müssen.
>
> (L´ EP 10/Febr/1937, 207. Übers. R. K.)

Essai de psychologie sensible legt die theoretischen Grundlagen der in mehr als zwanzigjähriger Praxis erprobten Techniken (vgl. OPI, 325). Diese Techniken dienen nicht nur einer bloßen Erweiterung oder Vertiefung von Erfahrung, sondern im Gegenteil: deren Konstruktion durch experimentelles Tasten, unter besonderer Berücksichtigung des Werkzeugs Sprache.

Die Techniken als Hilfsmittel der Methode (vgl. L´ IE 36/Nov/1930, 33 - 36, hier: 33) begründen einen Prozeß hierarchischer Organisation von Lebensregeln und Lebenstechniken, einen Prozeß individueller und sozialer Selbstorganisation, der seinerseits eine zunehmende Differenzierung der Techniken erfordert (vgl. Elise Freinet. In: EOZ, 20).

3.4.2 Freinet und Wallon

Henri Wallon (1879 - 1962), Mediziner und Psychologe, von 1937 - 1949 Professor für

Psychologie und Kindererziehung am *Collège de France* (vgl. Freinet: En l' honneur du Professeur Henri Wallon. In: L' E 10/Febr/1950), geht von einer grundlegenden Unvereinbarkeit zwischen den geistigen Fähigkeiten des Menschen und dem Automatismus aus und ist von daher für den Konstruktionsgedanken im Werk Freinets nicht zugänglich.

In Zusammenhang mit den Forschungen Piagets arbeitet Wallon vor allem über die intellektuelle Entwicklung des Kindes[145] mit besonderem Blick auf ihre affektive Dimension[146]. Als Mitglied der *Langevin - Wallon - Kommission* (1944 - 1947)[147] und als Mitbegründer des *Langevin - Wallon - Plans* von 1947 ist die Schule für Wallon der Ort der Unterweisung, der Vermittlung von Kenntnissen und der Wissenschaft.[148] Der Lehr - Lern - Prozeß hat sich nach Wallon an der Psychologie (als Wissenschaft von der kindlichen Persönlichkeit) und der Didaktik (als Wissenschaft der zu vermittelnden Inhalte) auszurichten. Wallon warnt vor einer unüberlegten Konfrontation des Kindes mit der praktischen Erfahrung (Gefahr der Verwirrung des Kindes, der Hemmung seiner Reflexion und Vorstellungskraft).[149] Die Aufgabe der Psychologie sieht Wallon darin, die SchülerInnen innerhalb der Schule, die er von der Vorschule bis zur Universität einheitlich konzipiert, und über die Schule hinaus auf die ihnen entsprechenden Möglichkeiten hin zu orien- tieren.[150]

Kontakte zwischen Freinet und Wallon existieren bereits seit den dreißiger Jahren. So wird z. B. der von der C. E. L. unter Leitung von Freinet im Jahre 1937 vorgelegte Entwurf zur Reform des Lehrplans für die französische Primarschule und des C. E. P. (Certificat d' études primaire) von Wallon äußerst positiv besprochen (vgl. Wallon, H.: Brief vom 22. Mai 1937. In: L' E 17/Juni/1937, 213 - 214). Trotz Empfehlung von Ferrière und wider aller Erwartung wird Freinet 1944 jedoch nicht in die *Langevin - Wallon - Kommission* berufen.[151]

---

[145] Vgl. Schlemminger, G.: Le mouvement des réformes pédagogiques des années vingt - trente: un boule- versement des pratiques et théories pédagogiques. In: Bruliard, L., Schlemminger, G.: Le mouvement Freinet: des origines aux années quatre - vingt, Paris: L' Harmattan 1996, 89 - 114, hier: 106

[146] Vgl. Hannoun, H.: Henri Wallon (1879 - 1962). In: Hannoun, H.: Anthologie des penseurs de l' éducation, Paris: Presses Universitaires de France 1995, 320 - 324, hier: 321

[147] Vgl. Die Reform des Bildungswesens. Langevin - Wallon - Plan (1947). In: Schriewer, J. (Hrsg.): Schulreform und Bildungspolitik in Frankreich, Bad Heilbrunn/Obb. 1974, 38 - 70

[148] Vgl. Maury, L.: Freinet et Wallon. In: Cahiers Binet - Simon. Le centenaire de Célestin Freinet, 4/1996, 7 - 12, hier: 8

[149] Vgl. Hannoun, H.: Henri Wallon (1879 - 1962). In: Hannoun, H.: Anthologie des penseurs de l' éducation, Paris: Presses Universitaires de France 1995, 320 - 324, hier: 321

[150] Vgl. Maury, L.: Freinet et Wallon. In: Cahiers Binet - Simon. Le centenaire de Célestin Freinet, 4/1996, 7 - 12, hier: 8

[151] Vgl. Freinet, M.: Biographische Angaben. In: Freinet, C.: Pädagogische Werke. Teil 1 (PWI), hrsg. v. Jörg, H., unter Mitw. v. Zillgen, H., Paderborn 1998, 1 - 13, hier: 12; vgl. auch die Besprechung des Langevin - Wallon - Plans durch Freinet: *La Réforme de l' Enseignement*, rapport de la Commission

In Auseinandersetzung mit der Kritik Wallons vom Februar 1953 *Freinet et la psychologie*[152] *wird das zentrale Anliegen Freinets und seiner Theorie vom experimentellen Tasten deutlich.*

An die Stelle der traditionellen philosophischen Subjekt - Objekt - Vorstellung[153] tritt in der Theorie Freinets eine ganzheitliche Sichtweise. Das Subjekt steht dem Leben, der Natur oder der Gesellschaft, nicht dualistisch gegenüber, sondern ist Teil von beiden. Bezugspunkt der Theorie Freinets ist die These vom dynamischen Charakter des Lebens, ausgehend von der Feststellung: Das Leben ist. Dieses Leben in seiner konstruktiven und interaktiven Dynamik zu erfassen und näher zu definieren, ist das Ziel der Theorie Freinets und der in ihr formulierten Gesetzmäßigkeiten.

Hier setzt die Kritik Wallons an, der betont, daß die Gesetze Freinets keine Gesetze im klassischen Sinn darstellen, wie zum Beispiel Newtons Gesetz von der Schwerkraft, Einsteins Relativitätstheorie, Darwins Evolutionstheorie oder Pawlows Theorie der konditionierten Reflexe, und von daher nicht den Status der Wissenschaftlichkeit für sich beanspruchen könnten.[154] Statt die Ergebnisse der wissenschaftlichen Psychologie zu diskutieren, bediene Freinet sich bildhafter Darstellungen und messe die psychologischen Forschungen am Kriterium ihrer Nützlichkeit für die pädagogische Praxis.[155]

Die Kritik Wallons geht vor allem dahin herauszustellen, es könne nicht zwischen nützlich und wahr, sondern nur zwischen künstlich und wirklich (réel) unterschieden werden, wobei Wallon unter *künstlich* eine Wissenschaft versteht, die ohne Bezug zur Praxis sich selbst genügt.

> Die Trennungslinie verläuft nicht zwischen dem Nützlichen und dem Wahren.
> Sie verläuft zwischen dem, was künstlich, und dem, was wirklich ist.[156]

Langevin (supplément à l' Education Nationale). In: L' E 3/Nov/1947, 71 - 72

[152] Vgl. Wallon, H.: Freinet et la psychologie. In: L' école et la nation, 15/Febr/1953, 26 - 28

L' école et la nation wird herausgegeben von der *Kommunistischen Partei Frankreichs*. *L' école et la nation* ist (neben *La nouvelle critique*) eine der beiden Zeitschriften, in der Anfang der fünfziger Jahre, ausgelöst von Snyders und Cogniot, die Diskussion um die Pädagogik Freinets geführt wird. Vgl. Testanière, J.: Le P. C. F. et la pédagogie Freinet (1950 - 1954). In: Clanché, P., Testanière, J. (Hrsg.): Actualité de la pédagogie Freinet, Bordeaux: Presses Universitaires de Bordeaux 1989, 63 - 85

[153] Vgl. hierzu Müller, K.: Erkenntnistheorie und Lerntheorie. Geschichte ihrer Wechselwirkung vom Repräsentationalismus über den Pragmatismus zum Konstruktivismus. In: Müller, K. (Hrsg.): Konstruktivismus. Lehren, Lernen, Ästhetische Prozesse, Neuwied 1996, 24 - 70, hier. 26 ff. Die Entsubjektivierung der Erkenntnis mündet in eine idealisierte Objektivität. Das Erkenntnisobjekt weist keinerlei Merkmale seines Beobachters auf. Dieser steht ihm rational und affektlos gegenüber.

[154] Vgl. Wallon, H.: Freinet et la psychologie. In: L' école et la nation, 15/Febr/1953, 26 - 28, hier: 26 f

[155] Vgl. Wallon, H.: Freinet et la psychologie. In: L' école et la nation, 15/Febr/1953, 26 - 28, hier: 27 f

[156] Wallon, H.: Freinet et la psychologie. In: L' école et la nation, 15/Febr/1953, 26 - 28, hier: 28, 3. Spalte. Übers. R. K.

Anzumerken ist hier zunächst, daß Freinet in diesem Zusammenhang den Begriff der *Objektivität* verwendet, der auf den Aspekt der Wiederholbarkeit zielt[157], den Begriff der *Wahrheit* jedoch, der keiner methodologischen, sondern einer epistemologischen,[158] d. h. philosophisch - erkenntnistheoretischen Ebene angehört, *nicht* ins Spiel bringt, ebenso *nicht* den Begriff der *Wirklichkeit*.

> Sie (die Psychologen) würden uns zufriedenstellen, wenn wir sie unter einem
> theoretisch objektiven Gesichtspunkt betrachten würden.[159]

Hintergrund ist ein unterschiedliches *Wissenschaftsverständnis* bei Wallon und Freinet (vgl. auch Freinet: Sommes - nous scientifiques? In: L´ E 3/Okt/1954, 10). Wallon forscht als Psychologe mit Blick auf die Praxis bzw. *Wirklichkeit* (wirklich statt künstlich), wobei er die Pädagogik als (ein mögliches) Bindeglied bzw. Praxisfeld betrachtet.[160] Freinet forscht als Pädagoge. Freinet stellt anders als Wallon die Grenze und die Perspektivität *jeder* wissenschaftlichen Methodik heraus und begründet keine methodologisch objektive, sondern eine methodologisch nützliche Wissenschaft: *eine Wissenschaft des Tastens, Fragens und Forschens*, die darauf abzielt, immer wieder neu Zusammenhänge herauszustellen, die sich in der pädagogischen Praxis als wirksam erwiesen haben, eine Wissenschaft, deren erste Bedingung die Praxis ist.

---

[157] Vgl. Segal, L.: Das 18. Kamel oder die Welt als Erfindung, München 1988, 44

[158] Vgl. Nüse, R., Groeben, N., Freitag, B., Schreier, M.: Über die Erfindung/en des Radikalen Konstruktivismus. Gegenargumente aus psychologischer Sicht, Weinheim 1991, 208

[159] Freinet, C. zit. n. Wallon, H.: Freinet et la psychologie. In: L´ école et la nation, 15/Febr/1953, 26 - 28, hier: 28, 3. Spalte. Übers. R. K.

[160] Vgl. in diesem Zusammenhang Herzog, W.: Psychologische Wissenschaft und pädagogische Reform. In: Oelkers, J., Osterwalder, F. (Hrsg.): Die Neue Erziehung. Beiträge zur Internationalität der Reformpädagogik, Frankfurt/M. u. a. 1999, 265 - 303, hier: 297 f. Auffallend ist nach Herzog, daß die Diskussion pädagogischer Fragen um die Jahrhundertwende fast nur im Verhältnis der Psychologie als Wissenschaft zur pädagogischen *Praxis* verlaufen ist. Es gibt nach Herzog kaum einmal eine Äußerung, die das Verhältnis der Psychologie als Wissenschaft zur Pädagogik als *Wissenschaft* thematisiert.

4. Das didaktische Konzept Freinets

> Wann endlich werden die Erwachsenen die Kinder
> mit Kinderschritten laufen lassen? Wann endlich
> werden sie das Leben der Kinder mit den Augen
> eines Kindes betrachten? (Freinet. In: PWI, 53)

Das didaktische Konzept Freinets, das der Theorie des *tâtonnement expérimental* zugrundeliegt, stellt den subjektiven, konstruktiven und kommunikativen Faktor allen Lehrens und Lernens heraus und strukturiert sich auf drei Ebenen.

Auf einer ersten Ebene (Erfahrungsebene) wird den Erfahrungen, dem Wissen und den Interessen der Kinder durch die Produktion Freier Texte und die Produktion von Unterrichtsmaterialien im freien schriftlichen Ausdruck eine Verbindlichkeit zugesprochen, die diese Erfahrungen sowohl einer Instrumentalisierung als auch einem bloßem Subjektivismus entreißt (6.1).

Eine zweite Ebene (Strukturebene) bildet die Kooperation der LehrerInnen, die gekennzeichnet ist durch eine wechselseitige Rückkoppelung von Unterricht, Forschung, Fort- und Weiterbildung, durch die Konstruktion *Allgemeiner Arbeitspläne* und die Bereitstellung von Unterrichtsmaterialien (6.2).

Die dritte Ebene (Lehr - Lern - Ebene) bildet die unterrichtliche Lehr - Lern - Situation selbst, in der in wechselseitiger Verständigung unter Bezugnahme auf die eingebrachten Beiträge, die subjektiven Erfahrungen und Interessen und die Notwendigkeiten der *Allgemeinen Arbeitspläne* Lehr - Lern - Prozesse gemeinsam konstituiert werden (6.3).

4.1 Die Erfahrungsebene: Kinder lehren Kinder *oder* Der freie schriftliche Ausdruck

Der *freie Ausdruck* gehört in das Zentrum einer reformorientierten Schulpädagogik und - didaktik und hat eine eminente Bedeutung für die geistige, emotionale und soziale Entwicklung von Kindern.[161] Über den freien Ausdruck wird das Kind zum "Akteur seines eigenen Gleichgewichts" (Elise Freinet. In: EOZ, 15). Der freie Ausdruck im didaktischen Konzept Freinets grenzt sich ab von einem spontanen, freischöpferischen, entdeckenden und kindzentrierten[162] Lehren und Lernen mit seinen Forderungen, das kreative Potential des Kindes selbst zur Entfaltung zu bringen, erlebbare Inhalte

---

[161] Vgl. Garlichs, A.: Heilende Wirkungen des Freien Ausdrucks. In: Hagstedt, H. (Hrsg.): Freinet - Pädagogik heute. Beiträge zum Internationalen Célestin - Freinet - Symposium in Kassel, Weinheim 1997, 160 - 178

[162] Vgl. so z. B. Berger, W.: Schulentwicklungen in vergleichender Sicht, Wien/München 1978, 82

schöpferisch und eigengestalterisch zu nutzen[163] und fächerübergreifend und stilbildend den *ganzen* Menschen zu ergreifen und zu verändern[164] - einer Position, die in ähnlicher Form auch *radikale* Konstruktivisten vertreten, wenn sie das *lernende* Kind in den Mittelpunkt stellen und *Lernen* als Konstruktion der inneren Welt verstehen, als einen Prozeß, der von Außen *beeinträchtigt*, aber nicht wirklich gefördert werden kann.[165]

Die Praxis des *freien schriftlichen Ausdrucks* (freier Text, Schuldruckerei, Arbeitsvorhaben) verläuft in mehreren Schritten, wobei Druckarbeiten, manuelle und geistige Arbeitsvorhaben und (alternativ) Arbeiten am individuellen Arbeitsplan oder Arbeiten mit der Klassenbibliothek gleichzeitig nebeneinander erfolgen und der freie Text auch außerhalb der Unterrichtszeit angefertigt werden kann.[166]

1. *Individuelle Produktion der Texte*
2. *Öffentliche Präsentation der Texte*
    Auswahl des Textes (im Hinblick auf unterrichtliche Arbeit, Schulzeitung, Klassenkor-
        respondenz, la Gerbe, Enfantines)
    Kollektive Arbeit am Text (Grammatik-, Sprachlehre-, Wortschatz-,
    Konjugationsübungen)
3. *Druck des Textes* (Erstellung eines täglichen Ordnungsplanes mit den Namen derjenigen   SchülerInnen, die für den Druck des Textes und die damit verbundenen Tätigkeiten so-   wie für besondere Tagesaufgaben zuständig sind)
    Veröffentlichung des Textes (Livre de vie, Schulzeitung, Klassenkorrespondenz, La Gerbe, Enfantines)
4. *Zuordnung des Textes* zum *Allgemeinen Arbeitsplan* (Umsetzung in geistige und manuelle Arbeitsvorhaben)
    Planung und Durchführung der *Arbeitsvorhaben* (allein, zu zweit oder in Gruppen)
    Auswertung der Arbeitsvorhaben/Besprechung der Tagesseite im Klassentagebuch (das jeweilige Vorhaben betreffende Fragen der SchülerInnen)
5. *Arbeit am individuellen Arbeitsplan/Arbeit mit der Klassenbibliothek* (SchülerInnen, die nicht in Arbeitsvorhaben oder vorbereitende Druckarbeiten einge-

---

[163] Vgl. Dietrich, Th.: Geschichte der Pädagogik. 18. - 20. Jahrhundert, Bad Heilbrunn/Obb. 1975, 206

[164] Vgl. auch Boehncke, H., Humburg, J. (Hrsg.): Schreiben kann jeder. Handbuch zur Schreibpraxis für Vorschule, Schule, Universität, Beruf und Freizeit, Reinbek bei Hamburg 1980, 88 ff

[165] Vgl. dazu Oelkers, J.: Reformpädagogik: Aktualität und Historie. In: Böhm, W., Oelkers, J. (Hrsg.): Reformpädagogik kontrovers, Würzburg 1995, 23 - 47, hier: 30

[166] Vgl. in Ergänzung zu Schlemminger, G.: Les techniques Freinet et leur actualité. In: Bruliard, L., Schlemminger, G.: Le mouvement Freinet: des origines aux années quatre - vingt, Paris: Harmattan 1996, 225 - 230, hier: 226

bunden sind, arbeiten am individuellen Arbeitsplan oder mit der Klassenbibliothek)

Der Begriff *freier Text* (text libre) wird von Freinet erst spät eingeführt. In seinem Werk *Ecole moderne française* aus dem Jahre 1945 (vgl. MFS, 129 f) spricht Freinet noch vom *freien Aufsatz*: rédaction libre (vgl. auch L´ EP 5/Febr/1934, 235 - 241).[167] Freinet ersetzt später *freien Aufsatz* durch *freien Text* (vgl. L´ E 1/Okt/1947, 3 - 5; vgl. auch *Le text libre*, BEM 67) um aufzuzeigen, daß ein Unterschied besteht zwischen einem frei zu wählenden Aufsatzthema und dem freien Text.

In ähnlicher Weise unterscheidet Clanché in seiner Studie zum freien Text (le text libre) unter Bezugnahme auf Barthes zwischen dem Kind als Schriftsteller (le écrivain), für den *schreiben* ein intransitives Verb ist, und dem Kind als Schreibendem (l´ écrivant), für den *schreiben* ein transitives Verb ist, d. h. ein Mittel, um ein Ziel (erzählen, erklären, unterrichten) zu erreichen. Nach Clanché nähert sich das Kind, das einen freien Text schreibt, immer mehr der intransitiven Schreibweise, d. h., vom Erzählen einer Geschichte (Schreibender/transitiv) gelangt es zum Schreiben, um eine Geschichte zu erzählen (Schriftsteller/intransitiv).[168]

Schneuwly ordnet dem freien Text bzw. seiner unterrichtlichen und schulischen Bedeutung im Konzept Freinets drei Funktionen zu: eine kommunikative, eine transitorische und eine regulative Funktion.[169] Ausgehend von der Annahme Wygotskis, daß die Schriftsprache Resultat eines Verinnerlichungs- und Transformationsprozesses interpsychischer Beziehungen in innerpsychische Funktionen darstellt[170], liegt eine zentrale Bedeutung des Freinetschen freien Textes nach Schneuwly unter Bezugnahme auf Clanché[171] in seiner transitorischen Funktion, d. h., darin, zwischen mündlicher Sprache mit ihrer externen Kontrolle und schriftlicher Sprache mit ihrer internen

---

[167] Vgl. auch Barré, M.: Célestin Freinet: un éducateur pour notre temps. Tome I: Les années fondatrices (1896 - 1936), PEMF: Mouans - Sartoux 1995, 66

[168] Vgl. Boehncke, H., Humburg, J. (Hrsg.): Schreiben kann jeder. Handbuch zur Schreibpraxis für Vorschule, Schule, Universität, Beruf und Freizeit, Reinbek bei Hamburg 1980, 98 ff

[169] Vgl. Schneuwly, B.: Vygotsky, Freinet et l´écrit. In: Clanché, P., Debarbieux, E., Testanière, J. (Hrsg.): La pédagogie Freinet. Mises à jour et perspectives, Bordeaux: Presses Universitaires de Bordeaux 1994, 313 - 323, hier: 314 - 316

[170] Schneuwly, B.: Vygotsky, Freinet et l´écrit. In: Clanché, P., Debarbieux, E., Testanière, J. (Hrsg.): La pédagogie Freinet. Mises à jour et perspectives, Bordeaux: Presses Universitaires de Bordeaux 1994, 313 - 323, hier: 313

[171] Vgl. Clanché, P.: L´ enfant écrivain. Génétique et symbolique du texte libre, Paris: Paidos. Le Centurion 1988, 173; vgl. auch Clanché, P.: Comment écrit - on un texte? Analyses comparatives de processus métacognitifs chez des élèves de CM1. In: Clanché, P., Debarbieux, E., Testanière, J. (Hrsg.): La pédagogie Freinet. Mises à jour et perspectives, Bordeaux: Presses Universitaires de Bordeaux 1994, 269 - 280, hier: 270

Kontrolle zu vermitteln. Schneuwly verkennt damit auf *grundlegende* Weise, daß der Sprach- und der Schriftspracherwerb für Freinet anders als für Wygotski keine Verinnerlichungs-, sondern Ausdrucks- und Konstruktionsprozesse darstellen.[172]

Der freie Text im Konzept Freinets ist an Voraussetzungen gebunden: der freie Text muß wirklich frei sein, er muß motiviert sein sowie Mittelpunkt und Ausgangspunkt der schulischen Arbeit bilden (vgl. BEM 67, 12 ff). Damit können dem freien schriftlichen Ausdruck in der Praxis Freinets vier Funktionen zugeordnet werden:

1. eine expressive Funktion
2. eine kommunikative Funktion
3. eine regulative Funktion
4. eine unterrichtliche Funktion

4.1.1 Expressive Funktion des freien schriftlichen Ausdrucks

Anfang der zwanziger Jahre führt Freinet den freien Aufsatz in seinen Unterricht in Bar - sur - Loup/Alpes - Maritimes ein und entwickelt ab Oktober 1923 gleichzeitig nach Vorlage einer kleinen Handdruckpresse *Cinup* seine Technik der Schuldruckerei.[173] Das ursprüngliche Bedürfnis des Kindes, sich auszudrücken, seine Gedanken und Gefühle in Bezug zur Situation um es herum in Worte zu fassen[174], soll auf diese Weise kanalisiert und verstärkt werden. Die SchülerInnen sollen sich ohne jegliche Vorgabe frei ausdrücken können und völlig frei sein in der Wahl der Arbeitsmittel, in der Wahl der Themen und in der Gestaltung ihrer Texte. Die täglich gedruckten Texte werden von den Schülerinnen und Schülern in ihrem persönlichen *Lebensbuch,* dem *Livre de vie,* gesammelt.

Die Bedeutung des freien Textes liegt nicht in der Entsprechung der geschilderten Sachverhalte mit der Wirklichkeit, d. h. nicht in der Abbildung oder Widerspiegelung von Wirklichkeit, sondern in ihrer Be- bzw. Erarbeitung[175], d. h. in ihrer Konstruktion. Die ersten Anhänger des freien schriftlichen Ausdrucks findet Freinet weniger unter Kollegen/-innen, Vorgesetzten oder Eltern als unter Künstlern und Schriftstellern wie

---

[172] Vgl. auch Röhner, Ch.: Lebens- und Entwicklungsthemen in freien Texten. In: Hagstedt, H. (Hrsg.): Freinet - Pädagogik heute. Beiträge zum Internationalen Célestin - Freinet - Symposium in Kassel, Weinheim 1997, 97 - 114, hier: 97, 100

[173] Vgl. auch Barré, M.: Avec les élèves de Célestin Freinet, Nancy: Bialec S. A. 1996, 7 f

[174] Vgl. Hoff, K.: Natürliche Lesemethode. In: Grundschule 2/1983, 24

[175] Vgl. Boehncke, H., Humburg, J. (Hrsg.): Schreiben kann jeder. Handbuch zur Schreibpraxis für Vorschule, Schule, Universität, Beruf und Freizeit, Reinbek bei Hamburg 1980, 101

zum Beispiel Romain Rolland und Henri Barbusse (vgl. BEM 67, 9).

4.1.2 Kommunikative Funktion des freien schriftlichen Ausdrucks

In unmittelbarem Zusammenhang mit der expressiven steht die kommunikative Funktion des freien schriftlichen Ausdrucks. Der freie Text muß motiviert sein, d. h., er muß immer für andere geschrieben, seine kommunikative Funktion immer präsent sein.

Diese Bedingung wird eingelöst, indem die Texte in der Klasse gelesen, besprochen und im Hinblick auf eine Veröffentlichung (Schulzeitung, Klassen- bzw. Schulkorrespondenz, La Gerbe, Enfantines) ausgewählt und gedruckt werden und so über die Eigenproduktion hinaus für die Klasse, die Schule, das Stadtviertel oder für Klassen und Schulen anderer Regionen eine Bedeutung erlangen, d. h. eine Verbindung zwischen dem eigenen Leben und der eigenen Erfahrung und dem Leben und der Erfahrung anderer herstellen. Die kommunikative Dimension des freien schriftlichen Ausdrucks umfaßt für Freinet mehr als einen bloßen Informationsaustausch zwischen Schülerinnen und Schülern einer Klasse oder verschiedener Regionen. Die in den freien Texten zum Ausdruck kommenden Erfahrungen anderer werden über das *experimentelle Tasten* zu Bausteinen der eigenen Erfahrungswelt.

Im Jahre 1926 organisiert Freinet die erste interschulische Korrespondenz seiner Klasse mit der Klasse René Daniels, einem Primarschullehrer aus Saint - Philibert/Finistère, und wendet sich zunehmend gegen die lehrgangsmäßige Verwendung des Schulbuchs als Methode und Technik traditioneller Pädagogik (vgl. auch *Plus de manuels scolaires.* In: L´ IE 16/Okt/1928, 6 - 7).

Ebenfalls 1926 entstehen *La Gerbe*, ein offizielles Ausdrucks- und Kommunikationsmittel von Kindern für Kinder, und die erste Ausgabe der Reihe *Enfantines*, eine zwölf- seitige, mit Kinderzeichnungen illustrierte Geschichte - eine Sensation zu einer Zeit, in der es im Zeichenunterricht zuallererst darum geht, das exakte Nachzeichnen und Abmalen von Stilleben zu schulen. *La Gerbe* ist die erste und einzige Kinderzeitung mit *pädagogi- scher* Zielsetzung, die von Kindern für Kinder gestaltet ist und die fast ausschließlich aus Beiträgen der Kinder besteht.[176]

Im Jahr 1937 werden *La Gerbe* und *Enfantines* zu einer Ausgabe vereint: am ersten und zehnten jeden Monats erscheint *La Gerbe,* am zwanzigsten eine Ausgabe von *La Gerbe* mit dem Untertitel: *Numéro spécial de la collection enfantines.* Nach dem Krieg nimmt Freinet die Veröffentlichung von *La Gerbe* und *Enfantines* in ihrem früheren Layout wieder auf. 1954 werden *La Gerbe* und *Enfantines* zusammengefaßt zu *La Gerbe*

---

[176] Vgl. Kock, R. (Hrsg.): Célestin Freinet. Methoden der Emanzipation und Techniken des Unterrichts, Frankfurt a. M. 1999, 123 ff

enfantine. 1963 gibt Freinet *La nouvelle Gerbe* heraus, die mehr auf die jüngeren Kinder ausgerichtet ist. Die Nachfolgezeitschrift von *La Gerbe* bzw. *La nouvelle Gerbe* wird ab 1965 *La BT Junior*, ergänzt durch *J Magazine* im Jahre 1979.[177]

4.1.3 Regulative Funktion des freien schriftlichen Ausdrucks

Auf verschiedenen Ebenen hat der freie schriftliche Ausdruck für die Organisation und die sozialen Beziehungen und sozialen Prozesse der Klasse regulative Funktion.

Zum einen bestimmt und steuert er den unterrichtlichen Tagesablauf: das Drucken, die Arbeitsvorhaben, ihre jeweiligen Organisationsformen und die tägliche Aufgabenverteilung orientieren sich am freien Text und seiner Bedeutung für die einzelnen SchülerInnen.

Darüber hinaus bringt der freie schriftliche Ausdruck den entscheidenden regulativen Faktor allen Lehrens und Lernens: das *Leben* und seinen psychologischen und psychischen Ausdruck: das *Gefühl* (l´ affectivité), als einen Reflex der Stellung und der Beziehungen des Menschen in seinem sozialen Umfeld, in die Schule zurück (vgl. L´ E 2/Okt/1952, 19 - 21, hier: 20). Für Freinet kann das Kind nur in einer Umgebung, in der sein eigenes soziales Leben eine Entsprechung findet, effektiv arbeiten und lernen. Die Erfahrung der Gül- tigkeit des eigenen Erlebens und des eigenen Fragens geht für Freinet über den Horizont eines abstrakt wissenschaftlich lehrenden Unterrichts hinaus. Der freie schriftliche Ausdruck läßt das Kind seine Position in der Klasse finden und soziale Bindungen eingehen, die Gesellschaft und Schule ihm auf traditionelle Weise nicht ermöglichen können.

4.1.4 Unterrichtliche Funktion des freien schriftlichen Ausdrucks

Die Schule und ihre Sprache sind für Freinet die Domäne der *Wassereimer* (vgl. EPSII, 133). In der Schule wird das Kind mit Namen, Begriffen, Definitionen, Theorien und philosophischen Konzeptionen konfrontiert, die in sich gesehen zwar einer Logik unterliegen, die aber jeglichen Bezug zum Lauf des Lebens und zur eigenen kindlichen Erfahrungswelt verloren haben (vgl. EPSII, 134). Fixierte Worte und Begriffe wirken auf das Denken des Kindes ein, machen es unbeweglich und lassen es erstarren (vgl. EPSII, 131). Die Schule kultiviert eine künstliche Intelligenz (vgl. OPII, 401) und schafft eine künstliche Welt, die neben die Welt des Kindes tritt.

Hintergrund dieser Entwicklung ist für Freinet eine parallel laufende Entwicklung in

---

[177] Vgl. Barré, M.: Célestin Freinet: un éducateur pour notre temps. Tome II: Vers une alternative pédagogique de masse (1936 - 1966), PEMF: Mouans - Sartoux 1996, 37 f; 143 f

der Wissenschaft (vgl. EPSII, 134 f). Ein lebendiger, beweglicher und differenzierter Sachverhalt wird durch ein Wort begrenzt, reduziert und seiner ursprünglichen Bedeutung beraubt. Auf diese Weise entstehen *Begriffe* (seaux d´ eau), die zu ganzen Systemen kombiniert und bis hin zu einer künstlichen Sprache strukturiert werden, mit der der Mensch dann ein Mittel zu besitzen glaubt, sich bis in die mikroskopische Intimität der Materie hinein ein definitives Wissen über die Natur aneignen zu können.

Mit dem freien schriftlichen Ausdruck macht Freinet das Leben und die Welt der Kinder, für die Kinder bedeutsame komplexe soziale Situationen und ihr eigensprachliches Wissen zum Ausgangspunkt des Unterrichts. Teile dieser Welt und dieses Wissens werden auf dem Weg über die Arbeitsvorhaben isoliert betrachtet und untersucht. Die wesentlichen Aspekte der Theorie Freinets vom menschlichen Lehr-Lern-Prozeß sind dabei die *Selbstorganisation*, die *Konstruktion* und die *Erfahrungsoffenheit*, wobei der Aspekt der Selbstorganisation den Menschen als lernendes Wesen in den Zusammenhang alles Lebendigen stellt und zugleich den subjektiven Faktor allen Lernens betont, der Aspekt der Konstruktion mit seinen Komponenten der menschlichen Fähigkeit zur Sprache und zur Wissenschaft darüber hinaus auf die herausgehobene Stellung des Menschen verweist. Zentral ist der Aspekt der *Erfahrungsoffenheit:* die Zugänglichkeit des Menschen zu eigenem Tasten und dem Tasten anderer, die nicht einen kognitiv - geschlossenen, sondern einen ganzheitlich - sprachlichen Konstruktionsprozeß beschreibt. Für die methodische Strukturierung des Unterrichts ergeben sich daraus die Eigenständigkeit und die Offenheit des unterrichtlichen Lehr-Lern-Prozesses.

Eine *Übersetzung* eigensprachlicher Erkenntnisse in eine offizielle Wissenschaftssprache mit eigener Theoriebildung erfordert für Freinet ein genaues und klares Verständnis der den Begriffen zugrundeliegenden Zusammenhänge. Wissenschaft erwächst für Freinet nicht aus Wörtern und Begriffen, sondern aus den lebendigen Wechselbeziehungen des sozialen Lebens (vgl. EPSII, 136 f). Aufgabe der Lehrer/innen ist es, den Schüler/innen Wort-Werkzeuge zur Verfügung zu stellen, die Ausdruck ihres experimentellen Tastens, ihrer sozialen Erfahrung und ihres eigensprachlichen Wissens sind.

Um zu verhindern, daß es zu von den sozialen Notwendigkeiten abgekoppelten Ergebnissen kommt, wird so oft wie möglich den Gesamtzusammenhang wieder hergestellt, um die in der abgeschiedenen Forschungssituation gewonnenen Ergebnisse erneut zu überprüfen und zu verifizieren.

Über die Umsetzung in Arbeitsvorhaben hinaus gehen die freien Texte, die Untersuchungen und die Erfahrungen der Kinder durch die Produktion von Unterrichtsmaterialien wie Karteikarten oder Broschüren der Arbeitsbibliothek in die unterrichtliche Lehr - Lern - Situation ein.[178]

---

[178] Vgl. z. B. Kock, R. (Hrsg.): Célestin Freinet. Methoden der Emanzipation und Techniken des

4.2 Die Strukturebene: Die Kooperation der LehrerInnen und Die Konstruktion der *Allgemeinen Arbeitspläne*

Die französische Primarschule ist bis in die sechziger Jahre hinein ein in sich und der Außenwelt gegenüber äußerst geschlossenes System von höchstem Ansehen. Im Vordergrund stehen immer die *großen* politischen Probleme, insbesondere die Frage der Konfessionsschule.[179] Das traditionelle Konzept der Laizität mit seinen schulpädagogischen Implikationen, durch wissenschaftlichen Unterricht und aktive Methoden die zu vermitteln- den Inhalte in Prozesse des kindlichen Fragens und Forschens aufzulösen, führt so unter der Hand zu einer neuen dogmatischen Pädagogik.[180]

Hinzu kommt, daß sich die verschiedenen Formen der Grundausbildung der LehrerInnen nicht parallel zum Schulsystem in Frankreich entwickeln, das durch Reformen schließlich in vier logisch untereinander zusammenhängende Etappen unterteilt wird. Die *Ausbildung* der Primar- bzw. ElementarschullehrerInnen erfolgt bis 1989 in den vor mehr als hundert Jahren gegründeten *Ecoles Normales* und spiegelt die alte Aufspaltung in den für die Kinder des Volkes vorgesehenen Primarunterricht und den für die Kinder der Bourgeosie vorbehaltenen Sekundarunterricht. Es geht darum, das *Handwerk des Lehrers* in all seinen Bereichen zu erlernen. Theoretische Fundierung ist zweitrangig.[181] Die *Fortbildung* der GrundschullehrerInnen ist seit Anfang der siebziger Jahre organisiert und gewährt jeder Lehrerin und jedem Lehrer ein Anrecht auf 36 Wochen LehrerInnenfortbildung, die auf die gesamte Dienstzeit verteilt werden. Ein offizieller und völliger Bruch mit der langen Tradition der LehrerInnenbildung erfolgt 1989 mit Einrichtung der I. U. F. M.: der *Instituts Universitaires de Formation des Maîtres.*[182]

Unterrichts, Frankfurt a. M. 1999, 147 f, 151, 153

[179] Vgl. Doll, J.: Entwicklungen und Reformtendenzen im französischen Bildungswesen, Wien 1976, 5

[180] Vgl. Kock, R.: Die Reform der laizistischen Schule bei Célestin Freinet. Eine Methode befreiender Volksbildung, Frankfurt a. M. 1995, 46 ff

[181] Vgl. Delétang, J.: Französische Lehrerbildung im Umbruch. Bilanz und Perspektiven. Vortragsskript: Internationales Symposium in Heidelberg. 5. - 8. Juni 1990, 1 - 12. Veröffentlicht in: Abele, A. (Hrsg.): Neuere Entwicklungen in Lehre und Lehrerbildung, Weinheim 1990, 3 f

[182] Vgl. Delétang, J.: Französische Lehrerbildung im Umbruch. Bilanz und Perspektiven. Vortragsskript: Internationales Symposium in Heidelberg. 5. - 8. Juni 1990, 1 - 12. Veröffentlicht in: Abele, A. (Hrsg.): Neuere Entwicklungen in Lehre und Lehrerbildung, Weinheim 1990, 7 ff; vgl. Loi d´ orientation sur l´ éducation (n° 89 - 486 du 10 juillet 1989). In: Journal officiel de la République Française. Lois et decrets, 14 juillet 1989, 8860 - 8869; vgl. Rapport du Recteur Daniel Bancel à Lionel Jospin, Ministre d´ Etat, Ministre de l´ Education nationale, de la Jeunesse et des Sports: Créer une nouvelle dynamique de la formation des maîtres, L´ envoi, n° 8 du 25 octobre 1989

Unter den nicht- und halboffiziellen Reformversuchen hat allen voran die Freinetbewegung die Ziele, Strukturen und Methoden der französischen Primarschule in Frage gestellt, neue Ansätze entwickelt und - selbst wenn ein expliziter Bezug selten erfolgt - ihre Spuren in den offiziellen schulischen Verlautbarungen hinterlassen.[183]

4.2.1 Die Kooperation der LehrerInnen

Für die Entwicklung der Freinetpädagogik über die Grundschule hinaus[184] (vgl. auch Freinet, C.: L´ imprimerie à l´ école au second degré/Cours complémentaires et écoles primaires supérieures/In: L´ E 4/Jan/1934, 180 - 184) und für ihre weltweite Verbreitung[185] (vgl. auch Freinet, C.: La diffusion mondiale de notre technique. In: L´ E 3/Nov/1936, 53 - 57) ist von Anfang an die Kooperation der LehrerInnen entscheidend. Die Produktion von Unterrichtsmaterialien, die Diskussion über Ziele und Verfahren, der Austausch von Erfahrungen sowie der Kontakt und die Korrespondenz zwischen den Klassen sind ohne Kooperation nicht möglich.[186] Zu diesem Zweck haben die LehrerInnen der Ecole Moderne festumrissene Organisations- und Kooperationsformen entwickelt:[187]

Im I. C. E. M. (Institut coopératif de l´ école moderne), der keine formelle Mitgliedschaft erfordert, sind regionale französische Gruppen (groupes départementales) und überregionale Arbeitskommissionen (secteurs et chantiers de travail nationaux)

---

[183] Vgl. Legrand, L.: Célestin Freinet et l´ idéologie aujourd´ hui. In: Cahiers Binet - Simon 4/1996, 13 - 37, hier: 13 ff

[184] Vgl. Baillet, D.: Freinet praktisch. Beispiele und Berichte aus Grundschule und Sekundarstufe, Weinheim und Basel 1983; Dietrich, I. (Hrsg.): Handbuch Freinet - Pädagogik. Eine praxisbezogene Einführung, Weinheim und Basel 1995

[185] Vgl. Jörg, H.: Freinet - Pädagogik - ihre Ziele und ihre weltweite Verbreitung. In: Ludwig, H., Martial, I. v., Pühse, U. (Hrsg): Schulpädagogik heute. Probleme und Perspektive, Frankfurt 1994, 183 - 201; vgl. auch die Beiträge *Freinet - Pädagogik in internationaler Pespektive* von Grunder, H. - U.: Freinet - Pädagogik in der Schweiz (117 - 133)/Steiger, P.: Replik auf Hans - Ulrich Grunders Beitrag (134 - 136)/Ueberschlag, R.: Freinet im Ausland (137 - 149). In: Hagstedt, H. (Hrsg.): Freinet - Pädagogik heute. Beiträge zum Internationalen Célestin - Freinet - Symposium in Kassel, Weinheim 1997

[186] Vgl. Henning, C., Zülch, H. - M: Konzept der Freinet - Pädagogik. In: Beck, J., Boehncke, H. (Hrsg.): Jahrbuch für Lehrer 1977. Hilfen für die Unterrichtsarbeit, Reinbek bei Hamburg 1976, 233 - 259, hier: 253 ff

[187] Vgl. auch Dietrich, I.: Freinet - Pädagogik heute. In: Dietrich, I. (Hrsg.): Handbuch Freinet - Pädagogik. Eine praxisbezogene Einführung, Weinheim und Basel 1995, 13 - 30; Bruliard, L., Schlemminger, G.: Comment écrire l´ histoire d´ un mouvement en marche? In: Bruliard, L., Schlemminger, G.: Le mouvement Freinet: des origines aux années quatre - vingt, Paris: L´ Harmattan 1996, 11 - 16

zusammengeschlossen. Im Unterschied zur deutschen besitzt die französische Freinetbewegung eine Vertretung auf nationaler Ebene, der im Jahre 1995 etwa 600 Pädagogen/-innen ange- hörten.[188]

Die ursprüngliche Organisation ist die C. E. L. (Coopérative de l' enseignement laic), die 1948, nach Gründung des I. C. E. M., zunächst die Produktion und den Verkauf der Materialien, Zeitschriften und Bücher übernimmt, dann 1986 ihre Tätigkeit einstellt[189] und ihre Aufgaben ganz dem I. C. E. M überträgt.

Die LehrerInnengruppen der etwa vierzig verschiedenen Länder, in denen die Freinetpädagogik verbreitet ist, sind seit 1961 im Dachverband der F. I. M. E. M. (Fédération internationale des membres de l' éole moderne) organisiert.

Jährlich finden regionale und überregionale Lehrgänge statt, entweder zur Einführung in die Freinetpädagogik (stages d' initiation) oder zur Bearbeitung bestimmter begrenzter Themen und Problembereiche (stages de spécialité), sowie nationale und alle zwei Jahre internationale Kongresse.

Praxis und Theorie der Freinetpädagogik gehen nicht auf einen in sich abgeschlossenen Entwurf zurück, sondern sind das Resultat eines permanenten kooperativen Lehr - Lern - Prozesses auf der Grundlage des *tâtonnement expérimental:*[190] Alle Aktivitäten des I. C. E. M. orientieren sich am Leitgedanken der Kohärenz von Unterricht, Forschung, Fort- und Weiterbildung der LehrerInnen.

Die Kohärenz von Unterricht und Fort- und Weiterbildung wird dadurch hergestellt, daß beide Bereiche nach den gleichen Prinzipien strukturiert werden, beiden die gleichen Rollendefinitionen zugrundeliegen und in beiden die gleichen *Techniken* eingesetzt werden. Die LehrerInnen erleben in dieser Art von Fort- und Weiterbildung das gleiche, was die SchülerInnen bei einem entsprechend organisierten Unterricht erleben.

Forschung im I. C. E. M. geht von den Problemen des schulischen Unterrichts aus und kehrt zu diesen zurück. Sie umfaßt die Bereitstellung neuer Arbeitsmittel ebenso wie die Weiterentwicklung der theoretischen Konzeption, die ständig daran gemessen wird, ob sie zur Verbesserung unterrichtlicher Praxis beiträgt. Die bereitgestellten Arbeitsmittel sind keine bloße Rezeption und Umsetzung neutraler Information, sondern eine Aufarbeitung subjektiver und sozialer unterrichtlicher Wirklichkeit.

---

[188] Vgl. Bruliard, L., Schlemminger, G.: Comment écrire l' histoire d' un mouvement en marche? In: Bruliard, L., Schlemminger, G.: Le mouvement Freinet: des origines aux années quatre - vingt, Paris: L' Harmattan 1996, 11 - 16, hier: 11 f

[189] Vgl. Freinet, M.: Biographische Angaben. In: Freinet, C.: Pädagogische Werke. Teil 1 (PWI), hrsg. v. Jörg, H., unter Mitw. v. Zillgen, H., Paderborn 1998, 1 - 13

[190] Vgl. Schütz, P.: Alternativen zur gegenwärtigen Form der Lehrerweiterbildung. In: Bildung und Erziehung 3/1982, 273 - 286

Die theoretische Konzeption des *tâtonnement expérimental* bzw. *der natürlichen Methoden* wird - ausgehend von eigenen Ansätzen Freinets[191] - insbesondere für den Mathematikunterricht weiterentwickelt[192] und als methodisch - didaktischer Gesamtansatz für den Fremdsprachenunterricht fruchtbar gemacht.[193]

Ein zentraler Aspekt der LehrerInnenkooperation, der im folgenden weiter ausgeführt wird, ist die mit Bezugnahme auf die offiziellen Lehrpläne erfolgende Konstruktion *Allgemeiner Arbeitspläne* unter den drei Ordnungsprinzipien: Leben erobern, Leben bewahren, Leben weitergeben (vgl. L´ E 10/Febr/1947, 218 - 219, hier: 218).

4.2.2 Die Konstruktion der *Allgemeinen Arbeitspläne*

Das Verhältnis von unterrichtlicher Lehr - Lern - Ebene und institutioneller Strukturebene wird von Freinet zeitlebens reflektiert. Während sich die Bestrebungen Freinets in den dreißiger Jahren vor allem auf die Absicherung der neuen Techniken, Arbeitsmittel und Reformansätze auf Lehrplanebene richten, auf die flächendeckende Schaffung von Experimentierschulen sowie auf die angesichts der Verlängerung der Schulpflicht bis zum 14. Lebensjahr notwendige Reform des *Certificat d´ études primaire* (vgl. L´ E 2/Okt/1936; L´ E 17/Juni/1937; 3/Okt/1937), beginnt Freinet in den vierziger Jahren ein neues Projekt, mit dem er das methodisch - didaktische Handeln der LehrerInnen zu einer der zentralen Fragen der Organisation Schule erklärt: die Konstruktion der *Allgemeinen Arbeitspläne*.

---

[191] Vgl. z. B. die Auseinandersetzung zwischen Delaunay, E. und Freinet, C.: Enseignement du calcul. Difficultés et contradictions. In: L´ E 2/Okt/1947, 39 - 41; 3/Nov/1947, 63 - 66; vgl. weiter Freinet, C.: La modernisation de l´ enseignement du calcul. In: L´ E 3/Nov/1947, 50 - 54; Freinet, C.: Vers une méthode naturelle de calcul. In: L´ E 2/Okt/1956, 3 - 17; Freinet, C.: Quelques précisons sur les mathématiques modernes. In L´ E 11/März/1966, 27 - 29; Freinet, C.: Pour un enseignement mathématique efficient, vers les mathématiques modernes. In: L´ E 12/13/März/April/1966, 2 - 9; vgl. auch La mathématique moderne. Séance du 7 avril 1966. In: L´ E 15/16/17/Mai/Juni/1966, 14 - 15

[192] Vgl. Bohec, P. le: A propos des mathématiques modernes. Le milieu de vie. In: L´ E 15/16/17/Mai/ Juni/1966, 5 - 8; Bohec, P. le: Verstehen heißt wiedererfinden. Natürliche Methode und Mathematik, Bremen 1995; Schütz, P.: Vielfalt im Mathematikunterricht. In: Dietrich, I. (Hrsg.): Handbuch Freinet - Pädagogik. Eine praxisbezogene Einführung, Weinheim und Basel 1995, 121 - 146; Glänzel, A. u. H.: Das Atelier "Mathematik und freier Ausdruck". In: Hagstedt, H. (Hrsg.): Freinet - Pädagogik heute. Beiträge zum Internationalen Célestin - Freinet - Symposium in Kassel, Weinheim 1997, 192 - 200

[193] Vgl. Minuth, C.: Freie Texte im Französischunterricht, Berlin 1996; Schlemminger, G.: Freinet - Pädagogik - (auch) ein Ansatz für den Fremdsprachenunterricht? In: Fremdsprachen Lehren und Lernen, 25. Jahrgang/1996, 87 - 105; Dietrich, I., Hövel, W.: Freinetpädagogik und Fremdsprachenunterricht. In: Dietrich, I. (Hrsg.): Handbuch Freinet - Pädagogik. Eine praxisbezogene Einführung, Weinheim und Basel 1995, 218 - 240

4.2.2.1 Zielsetzung des *Allgemeinen Arbeitsplans*

Der *Allgemeine Arbeitsplan* richtet sich gegen den Lehrgang und die ihm in enzyklopädischer Ordnung entsprechenden Schulbücher und damit zugleich gegen die Vorstellung, didaktisch aufbereitetes Wissen auf *lineare* Weise in die Köpfe der SchülerInnen transportieren zu müssen (vgl. Pour un plan général du travail. In: L´ E 10/Febr/1947, 218 - 219; Notre plan général de travail. In: L´ E 1/Okt/1947, 13 - 15).

> Eine Arbeitskommission der C. E. L. unter der Leitung Freinets hat die
> Erarbeitung eines *Allgemeinen Arbeitsplans* in Angriff genommen, der ein
> umfassendes und wirksames Arbeitswerkzeug darstellt und endlich in der Lage
> sein wird, die traditionellen Werkzeuge: die Schulbücher und die Lehrgänge zu
> ersetzen. (L´ E 1/Okt/1947, 13. Übers. R. K.)

Form und Aufbau der Schulbücher und die Strenge der Schulstunden betrachtet Freinet als die logische Antwort der traditionellen Schule auf die Notwendigkeit und Sorge, dem Kind Zugang zu einer Welt zu verschaffen, zu der man ihm noch nicht einmal halb die Tür geöffnet hatte. Das ständige Ansteigen des Wissensbestandes, der LehrerInnen wie SchülerInnen zu überfluten droht, erfordert neue Verfahrensweisen. Das Kind hat bei Eintritt in die Schule die komplexe Leiter des Wissens und der Bildung bereits halb erklommen, es ist mit den neuesten Techniken und technischen Errungenschaften vertraut, es kennt alles - aber es kennt alles *nur so* (vgl. L´ enfant de 1950 n´ est plus l´ enfant de 1900. In: L´ E 3/Nov/1950, 67 - 69; Les travaux de l´ institut. Pour notre enseignement - qu´ il soit scientifique, géographique ou historique - rechercher et préciser les principes de base. In: L´ E 10/Febr/1952, 311 - 314).[194] Dieses Wissen zu erproben, zu klassifizieren und dem Verhalten zu integrieren helfen, ist Aufgabe des *Allgemeinen Arbeitsplans*.

4.2.2.2 Struktur des *Allgemeinen Arbeitsplans*

Die Komplexität des Lebens in seiner biologischen und gesellschaftlichen Bestimmtheit wird im *Allgemeinen Arbeitsplan* anhand von drei Ordnungsabteilungen und ihrer jeweili- gen Unterabteilungen *Leben erobern* (Kletterer, Pflücker, Jäger, Fischer, Züchter, Landarbeiter, Koch), *Leben bewahren* (Sich schützen, Heizung und Beleuchtung verwenden, Sich bedecken, Sich pflegen, Die Natur beherrschen, Die Tiere beherrschen,

---

[194] Übersetzt in: Kock, R. (Hrsg.): Célestin Freinet. Methoden der Emanzipation und Techniken des Unterrichts, Frankfurt a. M. 1999, 91 ff; 95 ff

Das Schicksal beherrschen), *Leben weitergeben* (Familie, Gesellschaft, Der Mensch inmitten des Lebens), denen wiederum sogenannte Interessenzentren zugeordnet werden, reduziert und (re-) präsentiert (vgl. L´ E 10/Febr/1947, 218 - 219, hier: 218).

Die einzelnen Interessenzentren sind in vier Sparten unterteilt (vgl. L´ E 1/Okt/1947, 13 - 15), in denen mögliche Arbeitsvorhaben (*activités fonctionnelles*), zugehörige Techniken und Arbeitsmittel (*techniques)*, auf die Fächer Französisch, Rechnen, Wissenschaften, Geographie und Geschichte bezogene Dokumente (*connaissances*) wie Lesekarten, Auszüge aus Werken großer Dichter, Gedichte, Lieder, Diktate, Untersuchungen zu Maßeinheiten, Gewichten, Preisen, Übungen zu Rechenoperationen, Anleitungen für wissen- schaftliche, geographische oder geschichtliche Untersuchungen und Diplome (*brevets*) zur Überprüfung des Gelernten (vgl. L´ E 10/Febr/1947, 218 - 219, hier: 219) zu finden sind.

Auf dem Weg über die *Arbeitsvorhaben* der jeweiligen Interessenzentren erarbeiten die SchülerInnen die *Basiselemente* oder *Basisprinzipien*, ohne die es weder ein solides Fundament noch eine wirkliche Erziehung geben kann (vgl. L´ E 10/Febr/1952, 311 - 314, hier: 311) und die *Treibriemen* vergleichbar (vgl. L´ E 10/Febr/1952, 311 - 314, hier: 314) den Blick der SchülerInnen zugleich über ihren unmittelbaren Erfahrungsbereich hinaus- richten sollen. An der Rubrik *Connaissances* orientieren sich die *Wochenpläne*, die von den SchülerInnen individuell erstellt werden.

4.2.2.3 Bedeutung des *Allgemeinen Arbeitsplans*

Wirklichkeit und wissenschaftliches Lehrplanwissen werden über den *Allgemeinen Arbeitsplan* anhand bestimmter Kriterien aufgeschlossen. Die Konstruktion des *Allgemeinen Arbeitsplans* ist dabei keine bloß neue Anordnung und Darstellung der Sachen im Gefüge gleichsam naturgegebener oder gesellschaftlicher Ordnung, sondern erfolgt mit Blick auf die Erschließung der Lernenden selbst: ihrer Lernfähigkeit, ihrer Motivation, ihrer forschenden Unruhe, ihres Tastens, ihres Frageverhaltens, ihrer Offenheit für Erfahrung.[195]

---

[195] Vgl. in diesem Zusammenhang auch den an der soziologischen Strukturtheorie (primäre, sekundäre, tertiäre Handlungsfelder) orientierten Ansatz von Hiller, G. G.: Konstruktive Didaktik, Düsseldorf 1973. Aufgabe konstruktiver Didaktik als "Wissenschaft von der deutenden Einführung in die Kultur durch Lehre" (ebd., 223) ist nach Hiller die Konstruktion von Unterrichtsmodellen, die die Realität, in der die SchülerInnen selbst handlungsfähig werden sollen, für die SchülerInnen repräsentieren und legitimieren, so daß sie die bestehende Wirklichkeit auf eine bessere hin überwinden können (vgl. ebd., 13). Eine solche Zielsetzung für sich allein genommen birgt jedoch, wie Loser bereits in seinen Überlegungen zu einer pädagogischen Theorie des Lehrens und Lernens gezeigt hat, zugleich die Gefahr der Lenkung und Festlegung bezüglich dessen, wie Wirklichkeit begriffen werden sollte. Um diese Gefahr zu bannen, muß die Lehre lehrend das Lernen ermöglichen: die Konstitution der Sache offen halten für die Eröffnung neuer Möglichkeiten im Kind und zugleich die SchülerInnen befähigen, Wirklichkeit selber zu

Der Konstruktion der Interessenzentren des *Allgemeinen Arbeitsplans* voraus liegt die Aufarbeitung subjektiver und sozialer Wirklichkeiten und subjektiven Wissens der Kinder und Jugendlichen in Form von *Freien Texten* und Beiträgen in Schulzeitungen. Durch exakte Untersuchung und Auswertung der Texte und Schulzeitungen werden zunächst die Interessenzentren bestimmt, die vorrangig behandelt, d. h. dem *Allgemeinen Arbeitsplan* zugeordnet und durch Fragen, Arbeitsvorhaben und Aufgaben strukturiert werden (vgl. L´ E 1/Okt/1947, 13 - 15), um den Interessen und Erfahrungen der Kinder entsprechen zu können. Solche Interessenzentren sind z. B. Unsere Korrespondenz, Ferienerinnerungen (vgl. L´ E 1/Okt/1947, 14 f); Unser Dorf, Der Honig, Ackerbau und Saat, Die Jagd, Die Zugvögel, Oktoberzeit (vgl. L´ E 2/Okt/1947, 37 ff); Erste Sprößlinge und erste Blumen, Erste Feldarbeiten, Der Vorfrühling (vgl. L´ E 9/10/ Febr/1948). Heute hieße das möglicherweise: die Vielfalt der Kinderwelten, die Vielfalt der Lebensauffassungen und Kulturen - nicht im Sinne eines *Pluralismus der Oberflächenbuntheit*[196], sondern *lebenerobernd* mit einem mehrperspektivischen Blick auf Wirklichkeit, *lebenbewahrend* unter den Aspekten: sozial gerecht und friedensfähig, *lebenweitergebend* mit Blick auf Erhaltung des Lebens auf diesem Globus überhaupt. [197]

Die Konstruktion der *Allgemeinen Arbeitspläne* ist ständiger Revision unterworfen und Resultat permanenten *experimentellen Tastens* der LehrerInnen und (Unterrichts-) Forscher, die mit der Erforschung der kindlichen Lebenswelt, ausgehend von Produkten der Kinder selbst, zugleich die möglichen Inhalte bzw. die Sache mit in den Blick nehmen und auf die institutionelle Strukturebene zurückwirken. Die konkrete Erschließung des *Allgemeinen Arbeitsplans* wird, nochmals ausgehend von freien SchülerInnentexten, d. h. orientiert an den Interessen und Bedürfnissen und am Wissen der konkreten Kinder und Jugendlichen innerhalb des Unterrichts, der jeweils konkreten Lehr-Lern-Situation selbst, von Lehrern/innen und Schülern/innen gemeinsam vorgenommen.

4.3. Die Lehr - Lern - Ebene: Unterricht als Konstruktion der Lehr - Lern - Situation *oder* Der Unterrichtsaufbau im Konzept Freinets

Für konstruktivistische, am autopoietischen Lernprozeß des Individuums orientierte Di-

---

ordnen, zu konstruieren (vgl. Loser, F.: Die Notwendigkeit einer pädagogischen Theorie des Lehrens und Lernens. In: Neue Sammlung 1/1967, 58 - 70, hier: 64 f).

[196] Vgl. Welsch, W.: Unsere postmoderne Moderne, Weinheim 1987; Welsch, W.: Postmoderne - Pluralität als ethischer und moralischer Wert, Köln 1988

[197] Vgl. Preuss - Lausitz, U.: Trotz postmoderner Pluralität: Mut zur Bildung? Zur *Pädagogik der Vielfalt* für die 90er Jahre. In: Preuss - Lausitz, U.: Die Kinder des Jahrhunderts. Zur Pädagogik der Vielfalt im Jahr 2000, Weinheim und Basel 1993, 13 - 36

daktiken ist das Selektions- und Legitimationsproblem bildender Institutionen[198] ein Scheinproblem. Nicht die LehrerInnen, sondern die SchülerInnen selegieren, und zwar ausschließlich nach Maßgabe eigener innerer Prozesse. Und da sie nur aus dem selegieren, was ihnen angeboten wird, ist jede Selektion duch die bildende Institution eine Beschränkung der Bildungsmöglichkeiten - und gerade nicht die Ermöglichung von Bildung. Indoktrination besteht weniger in dem, was gesagt oder gelehrt wird, als vielmehr in dem, was das Individuum nicht angeboten bekommt.[199] Gemeinsam mit (radikal-) konstruktivis- tischen Didaktiken stellt das didaktische Konzept Freinets die Bedeutung des subjektiven Faktors allen Lehrens und Lernens heraus, sieht aber im Unterschied zu jenen das Lehr - Lern - Verhältnis als ein offenes Verhältnis.

Im folgenden wird abschließend die These, die Transformation von Wissens- in Lernstrukturen im didaktischen Konzept Freinets erfolge in Bezugssystemen, die in der Lehr - Lern - Situation selbst unter Bezugnahme auf die eingebrachten Beiträge sowie den *Allge- meinen Arbeitsplan* gemeinsam konstituiert und legitimiert werden, an einem Unterrichtsbeispiel aus der eigenen Praxis Freinets überprüft, wobei ein Beispiel aus der Druckpraxis Freinets gewählt wird. Angesichts der Tatsache, daß die neuen Medien (Video, Computer, Netze) in immer mehr Lebensbereiche Einzug halten, sei hier nur darauf verwiesen, daß Freinet selbst neben seiner Pädagogik der Schuldruckerei zeitgleich eine Pädagogik der neuen Medien (Radio, Film, Kassetten) konzipierte und die Frage *Druckerei oder PC* nur einen scheinbaren Gegensatz benennt.

4. 3.1   Der Unterrichtsaufbau im didaktischen Konzept Freinets

4.3.1.1 Erfahrungsebene: Die Produktion und Präsentation *Freier Texte* sowie die Produktion von Unterrichtsmaterialien durch die SchülerInnen

Folgender Text wird für den Druck bestimmt (vgl. MFS, 90):

Ein unerwartetes Bad

Vorgestern gossen René, Pedro und ich den Garten. Nach dem Gießen sagten

wir: "Wie wäre es, wenn wir mit den Schläuchen spielen würden!" René sprach

in zwei Schläuche zugleich. Die Schläuche waren voll Wasser. Pedro horchte

am anderen Ende. René bläst kräftig hinein, und das Wasser spritzt in Pedros

---

[198] Vgl. z. B. Loser, F., Terhart, E.: Unterricht und Legitimation. Wer begründet was, wann, wie im Unterricht? In: Gerdsmeier, G., Thränhardt, D.: Schule. Eine berufsvorbereitende Einführung in das Lehrerstudium, Weinheim und Basel 1979, 205 - 227

[199] Vgl. Lenzen, D.: Lösen die Begriffe Selbstorganisation, Autopoiesis und Emergenz den Bildungsbegriff ab? In: Zeitschrift für Pädagogik 43/6/1997, 949 - 968, hier: 952

Gesicht. Nun höre ich. Ein Wasserstrahl springt mir ins Gesicht. René schließt den Schlauch am Wasserhahn an. Er sagt mir: "Halte das andere Ende zu!" Ich hatte Mühe, es mit der Hand zuzuhalten. Plötzlich spritzte das Wasser über mich. Ich war patschnaß und wütend. Nun wollte ich René auch bespritzen. Ich blase kräftig in den Schlauch, aber leider kommt das Wasser zu mir zurück, und ein zweites Mal war ich ganz naß. Und wir alle lachten!

André

Der *Freie Text* wird zunächst unter verschiedenen Aspekten betrachtet: literarische Form, Sprachlehre und Rechtschreibung, künstlerische Form, Aufmachung, Illustration. Anschließend wird in einem weiteren Schritt untersucht, "was der Text uns an Leben gibt" (MFS, 91), was er über die Nöte, Strebungen und Hauptinteressen der Kinder sagt, um die ganze Aktivität der Klasse daraufhin zu orientieren: Wenn die Klasse diesen Text anderen Texten, die vielleicht sprachlich und stilistisch wertvoller sind, vorzieht, dann deswegen, so der Gedankengang Freinets, weil dieser Text Begebenheiten enthält, die seine Wahl veranlaßten und die untersucht und ausgewertet werden müssen (vgl. MFS, 91).

Um eine Kategorisierung der Freien Texte in brauchbare und unbrauchbare Texte zu verhindern, wird darauf geachtet, daß *alle* produzierten Texte eine unterrichtliche bzw. schulische Bedeutung erlangen (Livre de vie, Schulzeitung, Klassenkorrespondenz, La Gerbe, Enfantines). *Authentische* Freie Texte sind für Freinet nicht nur Voraussetzung, sondern auch Ausdruck gelungener Praxis (vgl. IAP, 159, 163), die gleichzeitig eine Wende in der Definition der LehrerInnenrolle: den Versuch einer Entdogmatisierung eigenen (Rollen-) Bewußtseins und eine Schulung entsprechenden Verhaltens einschließt und in schul- und unterrichtsorganisatorische Formen transportiert.

4.3.1.2 Strukturebene: Die Konstruktion an den Lehrplänen, Freien Texten und Schulzeitungen orientierter *Allgemeiner Arbeitspläne* und die Bereitstellung von Techniken und Unterrichtsmaterialien durch die LehrerInnen

Allgemeiner Arbeitsplan
(hier in den Kategorien, denen der Text zugeordnet werden kann):
1. Die Tätigkeit des Landarbeiters
2. Die Natur beherrschen

Unter jedem dieser Arbeitsthemen sind zu finden:
- Arbeitsvorhaben (vgl. 3.1.3)

- als Arbeitsspiele: Kommunizierende Röhren, Pumpe, Spritze
  ergänzende Spielarbeiten (Unterstufe): z. B. Blasrohr, Lieder,
Ratespiele, Sprichwörter
- Kenntnisse: Gemüsesorten, das Gießen, die Geschichte der Bewässerung, Wasserpumpe, Feuerspritze
- die entsprechenden *Brevets* (zu erwerbende Diplome)

Die Unterrichtsgegenstände sind im *Allgemeinen Arbeitsplan* als (mögliche) Arbeitsvorhaben und Lehr - Lern - Materialien in einer offenen Form didaktisch bearbeitet und vorstrukturiert.

4.3.1.3 Lehr - Lern - Ebene: Didaktisierung der *Freien Texte,* Präsentation des *Allgemeinen Arbeitsplans*, Bestimmung und Strukturierung der zu erarbeitenden Basiselemente, Durchführung der Arbeitsvorhaben und Auswertung

a) Didaktisierung der *Freien Texte*:

Vor dem Hintergrund dieses Leitfadens (*Allgemeiner Arbeitsplan*) wird in einem kommunikativen sprachlichen Prozeß und in wechselseitiger Verständigung der Arbeitskomplex (*Freier Text*) untersucht (vgl. MFS, 91 f).

- Warum wollte René in die Schläuche hineinsprechen? Wahrscheinlich in Erinnerung an das berühmte *Kordeltelephon*. Hört, wenn wir eins basteln würden, um es auszuprobieren! Wir werden auf diese Weise den Unterschied der Tonübertragung in der Luft, in einem Rohr und durch eine Kordel kennenlernen. Vielleicht befassen wir uns auch mit der *Schallgeschwindigkeit*.

- Warum wurde Pedro naß, als René blies? Luftdruck, Wasserdruck, Arbeitsprinzip der Pumpe ... Wie wär's, wenn wir ein *Blas- rohr* aus Holunder und eine richtige *Pumpe* basteln würden?

- Warum der Druck des Wassers, wenn der Schlauch am Wasserhahn angeschlossen ist? - *Kommunizierende Röhren*. Die *Wasserleitung* in Häusern.

- Sie hatten begossen: Das Gemüse ... Warum muß man es begießen? Ihr gießt mit einer Gießkanne, macht man das schon lange? Wir untersuchen die *Arten der Bewässerung* im Laufe der Jahr- hunderte.

b) Präsentation des *Allgemeinen Arbeitsplans,* Bestimmung und Strukturierung der zu erarbeitenden Basiselemente bzw. Arbeitsvorhaben

Die Vielzahl an Arbeitsmöglichkeiten werden an der Tafel notiert und den Interessen der Kinder sowie den Notwendigkeiten des *Lehrplans* bzw. *Allgemeinen Arbeitsplans* entsprechend reduziert und strukturiert.

Atelierarbeiten:

Herstellen von Blasrohren, Kordeltelefon, Pumpe

Versuch über die Schallgeschwindigkeit

Versuch mit kommunizierenden Röhren

geistige Arbeitsvorhaben:

Nachforschung über die Bewässerung im Laufe der Geschichte

Entdeckung des Wasser- und des Luftdrucks

Entwicklung des Telefons und der Telegrafie

c) Planung und Durchführung der Arbeitsvorhaben unter Auswahl der Angebote des *Allgemeinen Arbeitsplans*: einzeln, zu zweit oder in Gruppen

Entkoppelt von den Arbeitsvorhaben und z. T. parallel erfolgen, nach Wahl oder vorgängiger Bestimmung, die individuelle Arbeit am Wochenplan und die Arbeit mit der Klassenbibliothek, Druckarbeiten sowie besondere Tagesarbeiten, unterbrochen durch mögliche Reflexionsphasen (Wandzeitung, Klassentagebuch für offene Fragen).

d) Darbietung der Arbeitsergebnisse aus den Arbeitsvorhaben von den jeweiligen SchülerInnen am Ende des Schultages im Klassenverband; gemeinsame Auswertung der Ergebnisse

Literaturverzeichnis

Abele, A. (Hrsg.): Neuere Entwicklungen in Lehre und Lehrerbildung, Weinheim 1990

Aebli, H.: Psychologische Didaktik. Didaktische Auswertung der Psychologie von Jean Piaget, Stuttgart 1976

Ariès, Ph.: L´ enfant et la vie familiale sous l´ ancien régime, Paris 1973

Baader, G.: Das Werk Iwan Petrowitsch Pawlows. In: Pawlow, I. P.: Die bedingten Reflexe, München 1972, VII - XIV

Baillet, D.: Freinet - praktisch. Beispiele und Berichte aus Grundschule und Sekundarstufe, Weinheim und Basel 1983

Barré, M.: Avec les élèves de Célestin Freinet, Nancy: Bialec S. A. 1996

Barré, M.: Célestin Freinet: un éducateur pour notre temps. Tome I: Les années fondatrices (1896 - 1936), PEMF: Mouans - Sartoux 1995

Barré, M.: Célestin Freinet: un éducateur pour notre temps. Tome II: Vers une alternative pédagogique de masse (1936 - 1966), PEMF: Mouans - Sartoux 1996

Beck, J., Boehncke, H. (Hrsg.): Jahrbuch für Lehrer 1977. Hilfen für die Unterrichtsarbeit, Reinbek bei Hamburg 1976

Bens, J.: Die erzieherische Kraft der Arbeit. In: Freinet, C.: Pädagogische Werke. Teil 1 (PWI), hrsg. v. Jörg, H., unter Mitw. v. Zillgen, H., Paderborn 1998, 151 - 152

Berger, W.: Schulentwicklungen in vergleichender Sicht, Wien/München 1978

Bertrand, M.: Dossier pédagogique de l´ Educateur 102/103/104/1975

Böhm, W., Oelkers, J. (Hrsg.): Reformpädagogik kontrovers, Würzburg 1995

Boehncke, H., Hennig, Chr. (Hrsg.): Célestin Freinet. Pädagogische Texte. Mit Beispielen aus der praktischen Arbeit nach Freinet, Reinbek bei Hamburg 1980

Boehncke, H., Humburg, J. (Hrsg.): Schreiben kann jeder. Handbuch zur Schreibpraxis für Vorschule, Schule, Universität, Beruf und Freizeit, Reinbek 1980

Bohec, P. le: A propos des mathématiques modernes. Le milieu de vie. In: L´ Educateur, Cannes, 15/16/17/Mai/Juni 1966, 5 - 8

Bohec, P. le: Verstehen heißt wiedererfinden. Natürliche Methode und Mathematik, Bremen 1995

Bollnow, O. F.: Dilthey. Eine Einführung in seine Philosophie, Stuttgart 1955

Bollnow, O. F.: Sprache und Erziehung, Stuttgart ³1979

Bower, G. H., Hilgard, E. R.: Theorien des Lernens, Stuttgart 1983

Bruliard, L., Schlemminger, G.: Le mouvement Freinet: des origines aux années quatre - vingt, Paris: L´ Harmattan 1996

Bruner, J. S.: Der Akt der Entdeckung (1961). In: Neber, H. (Hrsg): Entdeckendes Lernen, Weinheim und Basel 1981, 15 - 29

Carré, I.: Les pédagogues de Port - Royal. Histoire des Petites Écoles. Notices, Extraits et Analyses avec des notes, Genève: Slatkine Reprints 1971

Clanché, P.: Comment écrit - on un texte? Analyses comparatives de processus métacognitifs chez des élèves de CM1. In: Clanché, P., Debarbieux, E., Testanière, J. (Hrsg.): La pédagogie Freinet. Mises à jour et perspectives, Bordeaux: Presses Universitaires de Bordeaux 1994, 269 - 280

Clanché, P.: L´ enfant écrivain. Génétique et symbolique du texte libre, Paris: Paidos.Le Centurion 1988

Clanché, P., Testanière, J. (Hrsg.): Actualité de la pédagogie Freinet, Bordeaux: Presses Universitaires de Bordeaux 1989

Clanché, P., Debarbieux, E., Testanière, J. (Hrsg.): La pédagogie Freinet. Mises à jour et perspectives, Bordeaux: Presses Universitaires de Bordeaux 1994

Corre, L.: La pédagogie Freinet, est - elle toujours une pédagogie populaire? In: Le Nouvel Educateur 89/Mai/1997, 24 - 25

Cube, F. v.: Kybernetik und Pädagogik. In: Das Fischer Lexikon. Pädagogik, hrsg. v. Groothoff, H. - H., unter Mitw. v. Reimers, E., Frankfurt a. M. 1973, 163 - 177

Cube, F. v.: Kybernetische Grundlagen des Lernens und Lehrens, Stuttart 1971

Delétang, J.: Französische Lehrerbildung im Umbruch. Bilanz und Perspektiven. Vortragsskript: Internationales Symposium in Heidelberg. 5. - 8. Juni 1990, 1 - 12

Depaepe, M.: Experimentelle Pädagogik, Reformpädagogik und pädagogische Praxis. In: Oelkers, J., Osterwalder, F. (Hrsg.): Die Neue Erziehung. Beiträge zur Internationalität der Reformpädagogik, Frankfurt/M. u. a. 1999, 183 - 205

Dichgans, J.: Die Plastizität des Nervensystems. Konsequenzen für die Pädagogik. In: Zeitschrift für Pädagogik 2/1994, 229 - 246

Dietrich, I.: Freinet - Pädagogik heute. In: Dietrich, I. (Hrsg.): Handbuch Freinet - Pädagogik. Eine praxisbezogene Einführung, Weinheim und Basel 1995, 13 - 30

Dietrich, I.: Freinet - Pädagogik und Fremdsprachenunterricht. In: Englisch Amerikanische Studien 4/1979, 542 - 563

Dietrich, I. (Hrsg.): Handbuch Freinet - Pädagogik. Eine praxisbezogene Einführung, Weinheim und Basel 1995

Dietrich, I. (Hrsg.): Politische Ziele der Freinetpädagogik, Weinheim und Basel 1982

Dietrich, I., Hövel, W.: Freinet - Pädagogik und Fremdsprachenunterricht. In: Dietrich, I. (Hrsg.): Handbuch Freinet - Pädagogik. Eine praxisbezogene Einführung, Weinheim und Basel 1995, 218 - 240

Dietrich, Th.: Geschichte der Pädagogik. 18. - 20. Jahrhundert, Bad Heilbrunn/Obb. 1975

Doll, J.: Entwicklungen und Reformtendenzen im französischen Bildungswesen, Wien 1976

Drischel, H.: Das Leben Iwan Petrowitsch Pawlows. In: Pawlow, I. P.: Die bedingten

Reflexe, München 1972, XV - XXVI

Duden. Band 5. Das Fremdwörterbuch, Mannheim 1974

Dumas, G.: Pour une pédagogie du sujet. Mérites et limites de Freinet. In: Clanché, P., Debarbieux, E., Testanière, J. (Hrsg.): La pédagogie Freinet. Mises à jour et perspectives, Bordeaux: Presses Universitaires de Bordeaux 1994, 97 - 105

Durkheim, E.: Die Entwicklung der Pädagogik. Zur Geschichte und Soziologie des gelehrten Unterrichts in Frankreich (L´ évolution pédagogique en France), Weinheim und Basel 1977

Eppinger, M.: Freiheit und Verhalten. Ein Beitrag zur Kritik des radikalen Behaviorismus nach B. F. Skinner aus philosophisch - anthropologischer Perspektive, München 1983

Fatke, R.: Jean Piaget (1896 - 1980). In: Scheuerl, H. (Hrsg.): Klassiker der Pädagogik. Band II, München 1991, 290 - 314

Fischer Lexikon. Pädagogik, hrsg. v. Groothoff, H. - H., unter Mitw. v. Reimers, E., Frankfurt a. M. 1973

Fonvieille, R.: L´ aventure du mouvement Freinet. Vécue par un praticien - militant (1947 - 1961), Paris: Méridiens Klincksieck 1989

Freinet, C.: Connaissance de l´ enfant sur la base des principes de l´ Essai de psychologie sensible. Brochures d´ Education Nouvelle Populaire (BENP 77), 1952

Freinet, C.: Cours de poésie enfantine (1962/63). In: Raymond, M. (Hrsg.): Pédagogie Freinet. Invitation au poème (IAP), Tournai: Casterman 1982, 156 - 165

Freinet, C.: Die moderne französische Schule (MFS), übers. u. besorgt v. Jörg, H., Paderborn 1979

Freinet, C.: Essai de psychologie sensible appliquée à l´éducation (EPS), CEL 1950

Freinet, C.: Essai de psychologie sensible I. Acquisition des techniques de vie constructive (EPSI), Paris: Delachaux et Niestlé 1978, 4. Aufl.

Freinet, C.: Essai de psychologie sensible II. Rééducation des techniques de vie ersatz (EPSII), Neuchâtel: Delachaux et Niestlé 1971

Freinet, C.: L´ éducation du travail (ET), Paris: Delachaux et Niestlé 1978, 5. Aufl. (1946)

Freinet, C.: L´ éducation morale et civique. Bibliothèque de l´ Ecole Moderne (BEM), Cannes: Coopérative de l´enseignement laic 1960/1968

Freinet, C.: L´ expérience tâtonnée. Brochures d´Education Nouvelle Populaire (BENP 36), 1948. Wiederveröffentlicht: L´ Educateur de travail et de recherches. Supplément périodique, April/1976, 4 - 35

Freinet, C.: Le tâtonnement expérimental (LTE). Collection documents de l´ Institut Freinet. N° 1. Unveröffentliches Manuskript, Vence 1966. Wiederveröffentlicht: L´ Educateur de travail et de recherches. Supplément périodique, April/1976, 37 - 78

Freinet, C.: Le texte libre. Bibliothèque de l´ Ecole Moderne (BEM), Cannes:

Coopérative de l´ enseignement laic 1960/1967

Freinet, C.: Les années Ecole Emancipée de Célestin Freinet. 1920 - 1936. Fac - similé des articles publiés dans la revue (EE), Paris: Coopérative Elaboration et Diffusion de Matériel Pédagogique: EDMP 1996

Freinet, C.: Oeuvres pédagogiques. Tome I (OPI), hrsg. v. Freinet, M., eingeführt v. Bens, J., Lonrai: Editions du Seuil 1994

Freinet, C.: Oeuvres pédagogiques. Tome II (OPII), hrsg. v. Freinet, M., Lonrai: Editions du Seuil 1994

Freinet, C.: Pädagogische Werke. Teil 1 (PWI), hrsg. v. Jörg, H., unter Mitw. v. Zillgen, H., Paderborn 1998

Freinet, C.: Pädagogische Werke. Teil 2 (PWII), hrsg. v. Jörg, H., unter Mitw. v. Zillgen, H., Paderborn 2000

Freinet, C. (Hrsg.): La Gerbe, Saint - Paul bzw. Vence, in den Jahrgängen 1931 - 1939

Freinet, C. (Hrsg.): La Gerbe, Cannes, in den Jahrgängen 1947 - 1965

Freinet, C. (Hrsg.): L´ imprimerie à l´ école (L´ IE), Saint - Paul, in den Jahrgängen 1927 - 1932

Freinet, C. (Hrsg.): L´ éducateur prolétarien (L´ EP), Saint - Paul bzw. Vence (ab Okt 1934), in den Jahrgängen 1932 - 1939

Freinet, C. (Hrsg.): L´ éducateur (L´ E), Vence, Jahrgang 1939/40

Freinet, C. (Hrsg.): L´ éducateur (L´ E), Cannes, in den Jahrgängen 1946 - 1966

Freinet, E.: Erziehung ohne Zwang. Der Weg Célestin Freinets (EOZ), übers. u. bearbeitet v. Jörg, H., Stuttgart 1981

Freinet, E.: Pour un naturisme prolétarien. (Ab Oktober 1939 unter dem Titel: Conseils aux Mamans en temps de guerre pour sauvegarder la santé de l´ enfant). In: Educateur prolétarien 1932 - 1939

Freinet, M.: Biographische Angaben. In: Freinet, C.: Pädagogische Werke. Teil 1 (PWI), hrsg. v. Jörg, H., unter Mitw. v. Zillgen, H., Paderborn 1998, 1 - 13

Fritz, J., Theorie und Pädagogik des Spiels, Weinheim 1991

Gal, R.: Histoire de l´ éducation, Paris: Presses Universitaires de France [10]1979 (1948)

Garlichs, A.: Heilende Wirkungen des Freien Ausdrucks. In: Hagstedt, H. (Hrsg.): Freinet - Pädagogik heute. Beiträge zum Internationalen Célestin - Freinet - Symposium in Kassel, Weinheim 1997, 160 - 178

Glänzel, A. u. H.: Das Atelier "Mathematik und freier Ausdruck". In: Hagstedt, H. (Hrsg.): Freinet - Pädagogik heute. Beiträge zum Internationalen Célestin - Freinet - Symposium in Kassel, Weinheim 1997, 192 - 200

Grunder, H. - U.: Fakten und Rezeption. Über die Schwierigkeiten, reformpädagogische Schulreform zu diskutieren. In: Bildung und Erziehung 2/1995, 183 - 198

Grunder, H. - U.: Freinet - Pädagogik in der Schweiz. In: Hagstedt, H. (Hrsg.): Freinet -

Pädagogik heute. Beiträge zum Internationalen Célestin - Freinet - Symposium in Kassel, Weinheim 1997, 117 - 133

Hänsel, D.: Die konsequentesten und erfolgreichsten Reformer. In: Päd.extra, März/1991, 6 - 10

Hagstedt, H.: Freinet - Pädagogik heute und morgen. In: Hagstedt, H. (Hrsg.): Freinet - Pädagogik heute. Beiträge zum Internationalen Célestin - Freinet - Symposium in Kassel, Weinheim 1997, 15 - 24

Hagstedt, H. (Hrsg.): Freinet - Pädagogik heute. Beiträge zum Internationalen Célestin - Freinet - Symposium in Kassel, Weinheim 1997

Hameline, D., Helmchen, J., Oelkers, J. (Hrsg.): L´ éducation nouvelle et les enjeux de son histoire. Actes du colloque international des Archives Institut Jean - Jacques Rousseau, Bern: Peter Lang 1995

Hannoun, H.: Célestin Freinet (1896 - 1966). In: Hannoun, H.: Anthologie des penseurs de l´ éducation, Paris: Presses Universitaires de France 1995, 344 - 349

Hannoun, H.: Henri Wallon (1879 - 1962). In: Hannoun, H.: Anthologie des penseurs de l´ éducation, Paris: Presses Universitaires de France 1995, 320 - 324

Hannoun, H.: Anthologie des penseurs de l´ éducation, Paris: Presses Universitaires de France 1995

Harth, W.: Die Anfänge der Neuen Erziehung in Frankreich, Würzburg 1986

Härtling, P.: Die Gedichte (1953 - 1987). Sammlung Luchterhand, Frankfurt a. M. 1989

Heitkämper, P.: Experimentelles Tasten. Zur Aktualität der Pädagogik Freinets. In: Engagement. Zeitschrift für Erziehung und Schule 4/1995, 352 - 361

Hellmich, A., Teigeler, P. (Hrsg.): Montessori-, Freinet-, Waldorfpädagogik. Konzeption und aktuelle Praxis, Weinheim und Basel 1992

Helmchen, J.: L´ éducation nouvelle francophone et la *Reformpädagogik* allemande - deux "histoires"? In: Hameline, D., Helmchen, J., Oelkers, J. (Hrsg.): L´ éducation nouvelle et les enjeux de son histoire. Actes du colloque international des Archives Institut Jean - Jacques Rousseau, Bern: Peter Lang 1995, 1 - 29

Hennig, C.: Vorbemerkung zu: Vasquez, Oury, F.: Von der kooperativen Klasse zur institutionellen Pädagogik. In: Vasquez, A., Oury, F. u. a.: Vorschläge für die Arbeit im Klassenzimmer. Die Freinet - Pädagogik. Alternativen zum gewöhnlichen Schulleben, Reinbek bei Hamburg 1976, 37 - 129

Henning, C., Zülch, H. - M.: Konzept der Freinet - Pädagogik. In: Beck, J., Boehncke, H. (Hrsg.): Jahrbuch für Lehrer 1977. Hilfen für die Unterrichtsarbeit, Reinbek bei Hamburg 1976, 233 - 259

Herzog, W.: Psychologische Wissenschaft und pädagogische Reform. In: Oelkers, J., Osterwalder, F. (Hrsg.): Die Neue Erziehung. Beiträge zur Internationalität der Reformpädagogik, Frankfurt/M. u. a. 1999, 265 - 303

Hiller, G. G.: Konstruktive Didaktik, Düsseldorf 1973

Hoff, K.: Natürliche Lesemethode. In: Grundschule 2/1983

Houssaye, J. (Hrsg.): Quinze pédagogues. Leur influence aujourd´ hui, Paris: Armand Colin 1994

Hövel, W., Resch, U.: Fragen zur Selbstbestimmung der eigenen LehrerInnenpersönlichkeit. In: Fragen und Versuche 92/2000 (Juni), 62 - 63

Jardiné, M.: Pensée naturelle et méthode naturelle. In: Clanché, P., Testanière, J. (Hrsg.): Actualité de la pédagogie Freinet, Bordeaux: Presses Universitaires de Bordeaux 1989, 203 - 213

Jörg, H.: Célestin Freinet, die Bewegung *Moderne Schule* und das französische Schulwesen heute. In: Freinet, C.: Die moderne französische Schule, (MFS) Paderborn [2]1979, 143 - 257

Jörg, H.: Freinet - Pädagogik - ihre Ziele und ihre weltweite Verbreitung. In: Ludwig, H., Martial, I. v., Pühse, U. (Hrsg): Schulpädagogik heute. Probleme und Perspektive, Frankfurt 1994, 183 - 201

Jörg, H.: Von Georg Kerschensteiner zu Célestin Freinet. In: Forum Pädagogik 1/1989, 3 - 10

Kock, R.: Die Reform der laizistischen Schule bei Célestin Freinet. Eine Methode befreiender Volksbildung, Frankfurt a. M. 1995

Kock, R. (Hrsg.): Célestin Freinet. Methoden der Emanzipation und Techniken des Unterrichts, Frankfurt a. M. 1999

Koschtojanz, C. S.: Iwan Petrowitsch Pawlow und die Bedeutung seiner Arbeiten. In: Pawlow, I. P.: Ausgewählte Werke, Berlin 1955, 1- 31

Krüssel, H.: Konstruktivistische Unterrichtsforschung. Der Beitrag des Wissenschaftlichen Konstruktivismus und der Theorie der persönlichen Konstrukte für die Lehr - Lern - Forschung, Frankfurt a. M. 1993

Lafitte, R. (BTR): Vorwort/Nachwort. Zu: Freinet, C.: L´ expérience tâtonnée. Brochures d´ Education Nouvelle Populaire (BENP 36), 1948. Le tâtonnement expérimental (LTE). Collection documents de l´ Institut Freinet. N° 1. Unveröffentliches Manuskript, Vence 1966. In: L´ Educateur de travail et de recherches. Supplément périodique, April/1976, 1 - 3/79 - 80

Lamihi, A.: Naissance de l´ autogestion pédagogique. Du groupe technique éducative au groupe de pédagogie institutionelle. Nouveau Doctorat, 1991, Paris VIII

Laun, R.: Freinet - 50 Jahre danach. Dokumente und Berichte aus drei französischen Grundschulklassen. Beispiele einer produktiven Pädagogik, Heidelberg 1983

Legrand, L.: L´ influence du positivisme dans l´oeuvre scolaire de Jules Ferry. Les origines de la laïcité, Paris: Librairie Marcel Rivière et Cie 1961

Legrand, L.: Célestin Freinet et l´ idéologie aujourd´ hui. In: Cahiers Binet - Simon

4/1996, 13 - 37

Lèmery, J. et E.: La pédagogie Freinet, est - ce une méthode ou une organisation systémique? In: Le nouvel éducateur 81/96 (Sept), 5 - 13

Lenzen, D.: Lösen die Begriffe Selbstorganisation, Autopoiesis und Emergenz den Bildungsbegriff ab? In: Zeitschrift für Pädagogik 43/6/1997, 949 - 968

Loch, W.: Vorwort. In: Piaget, J.: Sprechen und Denken des Kindes, Düsseldorf 1979, 9 - 12

Loi d' orientation sur l' éducation (n° 89 - 486 du 10 juillet 1989). In: Journal officiel de la République Française. Lois et decrets, 14 juillet 1989, 8860 - 8869

Loser, F.: Die Notwendigkeit einer pädagogischen Theorie des Lehrens und Lernens. In: Neue Sammlung 1/1967, 58 - 70

Loser, F., Terhart, E.: Unterricht und Legitimation. Wer begründet was, wann, wie im Unterricht? In: Gerdsmeier, G., Thränhardt, D.: Schule. Eine berufsvorbereitende Einführung in das Lehrerstudium, Weinheim und Basel 1979, 205 - 227

Loser, F., Terhart, E. (Hrsg.): Theorien des Lehrens, Stuttgart 1977

Maturana, H. R.: Erkennen: Die Organisation und Verkörperung von Wirklichkeit, Braunschweig ^{2}1985

Maury, L.: Freinet et Wallon. In: Cahiers Binet - Simon. Le centenaire de Célestin Freinet, 4/1996, 7 - 12

Merleau - Ponty, M.: Die Struktur des Verhaltens, Berlin, New York 1976

Messner, R.: Didaktik. Eine Übersicht über ihre Grundprobleme. In: Messner, R., Isenegger, U., Messner, H., Füglister, P.: Kind, Schule, Unterricht. Zum aktuellen Forschungsstand der Didaktik, der Curriculumtheorie und der Theorie der Schule. Mit einer Einleitung von Hans Aebli, Stuttgart 1975, 33 - 84

Meumann, E.: Vorlesungen zur Einführung in die experimentelle Pädagogik und ihre psychologischen Grundlagen. Erster Band, Leipzig 1916

Minuth, C.: Freie Texte im Französischunterricht, Berlin 1996

Mussen P. H., Conger, J. J., Kagan, J.: Lehrbuch der Kinderpsychologie, Stuttgart 1976

Mussen P. H., Conger, J. J., Kagan, J., Huston, A. C.: Lehrbuch der Kinderpsychologie. Band 1, Stuttgart 1993

Mussen P. H., Conger, J. J., Kagan, J., Huston, A. C.: Lehrbuch der Kinderpsychologie. Band 2, Stuttgart 1993

Neber, H. (Hrsg): Entdeckendes Lernen, Weinheim und Basel 1981

Nieser, B.: Die Entstehung der Schule als Institution bürgerlicher Gesellschaft. Vergleichende Untersuchung der instituionalisierten Erziehung und Bildung am Beispiel Frankreichs, Frankfurt a. M. 1978

Nuthall, G., Snook, I.: Das Modell der Verhaltenskontrolle (1973). In: Loser, F., Terhart, E. (Hrsg.): Theorien des Lehrens, Stuttgart 1977, 61 - 70

Nuthall, G., Snook, I.: Das Modell des Entdeckungslernens (1973). In: Loser, F., Terhart, E. (Hrsg.): Theorien des Lehrens, Stuttgart 1977, 70 - 79

Oelkers, J.: Die große Aspiration. Zur Herausbildung der Erziehungswissenschaft im 19. Jahrhundert, Darmstadt 1989

Oelkers, J.: Reformpädagogik: Aktualität und Historie. In: Böhm, W., Oelkers, J. (Hrsg.): Reformpädagogik kontrovers, Würzburg 1995, 23 - 47

Oelkers, J., Osterwalder, F. (Hrsg.): Die Neue Erziehung. Beiträge zur Internationalität der Reformpädagogik, Frankfurt/M. u. a. 1999

Orth, E. W. (Hrsg.): Sprache, Wirklichkeit, Bewußtsein, München 1988

Palermo, J.: Histoire des institutions et des doctrines pédagogiques par les textes, Paris: Editions S. U. D. E. L. 1958

Pawlow, I. P.: Antwort eines Physiologen an die Psychologen. In: Psychological Rewiew 39/1932, 97 - 127

Pawlow, I. P.: Ausgewählte Werke, Berlin 1955

Pawlow, I. P.: Sämtliche Werke. Band III/1, Berlin 1953

Pawlow, I. P.: Sämtliche Werke. Band III/2, Berlin 1953

Pawlow, I. P.: Die bedingten Reflexe, München 1972

Peyronie, H.: Célestin Freinet. In: Houssaye, J. (Hrsg.): Quinze pédagogues. Leur influence aujourd´ hui, Paris: Armand Colin 1994, 212 - 226

Piaget, J.: Abriß der genetischen Epistemologie, Olten 1974

Piaget, J.: Das Weltbild des Kindes, Stuttgart 1978

Piaget, J.: Sprechen und Denken des Kindes, Düsseldorf 1979

Piaget, J.: Theorien und Methoden der modernen Erziehung, Wien u. a. 1972

Piaget, J.: Urteil und Denkprozeß des Kindes, Düsseldorf 1972

Piaton, G.: La pensée pédagogique de Célestin Freinet, Toulouse: Edouard Privat 1974

Pons. Großwörterbuch Französisch - Deutsch/Deutsch - Französisch, Stuttgart 1984

Preuss - Lausitz, U.: Die Kinder des Jahrhunderts. Zur Pädagogik der Vielfalt im Jahr 2000, Weinheim und Basel 1993

Rapport du Recteur Daniel Bancel à Lionel Jospin, Ministre d´ Etat, Ministre de l´ Education nationale, de la Jeunesse et des Sports: Créer une nouvelle dynamique de la formation des maîtres, L´ envoi, n° 8 du 25 octobre 1989

Raymond, M. (Hrsg.): Pédagogie Freinet. Invitation au poème (IAP), Tournai: Casterman 1982

Rigault, G.: L´ institut des frères des écoles chrétiennes, Abbeville: Bernard Grasset 1928

Röhner, Ch.: Lebens- und Entwicklungsthemen in freien Texten. In: Hagstedt, H. (Hrsg.): Freinet - Pädagogik heute. Beiträge zum Internationalen Célestin - Freinet - Symposium in Kassel, Weinheim 1997, 97 - 114

Scheuerl, H. (Hrsg.): Klassiker der Pädagogik. Band II, München 1991

Schlemminger, G.: Forschungsdesiderata der Freinet - Pädagogik. In: Hagstedt, H. (Hrsg.): Freinet - Pädagogik heute. Beiträge zum Internationalen Célestin - Freinet - Symposium in Kassel, Weinheim 1997, 203 - 212

Schlemminger, G.: Freinet - Pädagogik - (auch) ein Ansatz für den Fremdsprachenunterricht? In: Fremdsprachen Lehren und Lernen, 25. Jahrgang/1996, 87 - 105

Schlemminger, G.: Le fichier autocorrectif: quelques aspects historiques. In: Le Nouvel Educateur 64/1994, 30 -31

Schneuwly, B.: Vygotsky, Freinet et l' écrit. In: Clanché, P., Debarbieux, E., Testanière, J. (Hrsg.): La pédagogie Freinet. Mises à jour et perspectives, Bordeaux: Presses Universitaires de Bordeaux 1994, 313 - 323

Schriewer, J. (Hrsg.): Schulreform und Bildungspolitik in Frankreich, Bad Heilbrunn/Obb. 1974

Schütz, P.: Alternativen zur gegenwärtigen Form der Lehrerweiterbildung. In: Bildung und Erziehung 3/1982, 273 - 286

Schütz, P.: Vielfalt im Mathematikunterricht. In: Dietrich, I. (Hrsg.): Handbuch Freinet - Pädagogik. Eine praxisbezogene Einführung, Weinheim und Basel 1995, 121 - 146

Skinner, B. F.: Was ist Behaviorismus?, Reinbek bei Hamburg 1978

Steiger, P.: Replik auf Hans - Ulrich Grunders Beitrag. In: Hagstedt, H. (Hrsg.): Freinet - Pädagogik heute. Beiträge zum Internationalen Célestin - Freinet - Symposium in Kassel, Weinheim 1997, 134 - 136

Teigeler, P.: Célestin Freinet. In: Hellmich, A., Teigeler, P. (Hrsg.): Montessori-, Freinet-, Waldorfpädagogik. Konzeption und aktuelle Praxis, Weinheim und Basel 1992, 38 - 49

Testanière, J.: Le P. C. F. et la pédagogie Freinet (1950 - 1954). In: Clanché, P., Testanière, J. (Hrsg.): Actualité de la pédagogie Freinet, Bordeaux: Presses Universitaires de Bordeaux 1987, 63 - 85

Ueberschlag, R.: Freinet im Ausland. In: Hagstedt, H. (Hrsg.): Freinet - Pädagogik heute. Beiträge zum Internationalen Célestin - Freinet - Symposium in Kassel, Weinheim 1997, 137 - 149

Vasquez, A., Oury, F. u. a.: Vorschläge für die Arbeit im Klassenzimmer. Die Freinet - Pädagogik. Alternativen zum gewöhnlichen Schulleben, Reinbek bei Hamburg 1976

Wallon, H.: Freinet et la psychologie. In: L' école et la nation, 15/Febr/1953, 26 - 28

Watson, J. B.: Behaviorismus, Frankfurt a. M. 1976

Welsch, W.: Postmoderne - Pluralität als ethischer und moralischer Wert, Köln 1988

Welsch, W.: Unsere postmoderne Moderne, Weinheim 1987

Wygotski, L. S.: Denken und Sprechen, Frankfurt a. M. 1979

Abkürzungsverzeichnis

BEM 67

Freinet, C.: Le texte libre. Bibliothèque de l´ Ecole Moderne (BEM), Cannes: Coopérative de l´ enseignement laic 1960/1967

BEM 68

Freinet, C.: L´ éducation morale et civique. Bibliothèque de l´ Ecole Moderne (BEM), Cannes: Coopérative de l´ enseignement laic 1960/1968

BENP 36

Freinet, C.: L´ expérience tâtonnée. Brochures d´ Education Nouvelle Populaire (BENP 36), 1948. Wiederveröffentlicht: L´ Educateur de travail et de recherches. Supplément périodique, April/1976, 4 - 35

BENP 77

Freinet, C.: Connaissance de l´ enfant sur la base des principes de l´ Essai de psychologie sensible. Brochures d´ Education Nouvelle Populaire (BENP 77), 1952

EE

Freinet, C.: Les années Ecole Emancipée de Célestin Freinet. 1920 - 1936. Fac - similé des articles publiés dans la revue (EE), Paris: Coopérative Elaboration et Diffusion de Matériel Pédagogique: EDMP 1996

EOZ

Freinet, E.: Erziehung ohne Zwang. Der Weg Célestin Freinets (EOZ), übers. u. bearbeitet v. Jörg, H., Stuttgart 1981

EPS

Freinet, C.: Essai de psychologie sensible appliquée à l´ éducation (EPS), CEL 1950

EPSI

Freinet, C.: Essai de psychologie sensible I. Acquisition des techniques de vie constructive (EPSI), Paris: Delachaux et Niestlé 1978, 4. Aufl.

EPSII

Freinet, C.: Essai de psychologie sensible II. Rééducation des techniques de vie ersatz (EPSII), Neuchâtel: Delachaux et Niestlé 1971

ET

Freinet, C.: L´ éducation du travail (ET), Paris: Delachaux et Niestlé ^{5}1978 (1946)

IAP

Freinet, C.: Cours de poésie enfantine (1962/63). In: Raymond, M. (Hrsg.): Pédagogie Freinet. Invitation au poème (IAP), Tournai: Casterman 1982, 156 - 165

L´ E

Freinet, C. (Hrsg.): L´ éducateur (L´ E), Cannes, in den Jahrgängen 1946 - 1966

L´ EP

Freinet, C. (Hrsg.): L´ éducateur prolétarien (L´ EP), Saint - Paul bzw. Vence, in den Jahrgängen 1932 - 1940

L´ IE

Freinet, C. (Hrsg.): L´ imprimerie à l´école (L´ IE), Saint - Paul bzw. Vence, in den Jahrgängen 1927 - 1932

LTE

Freinet, C.: Le tâtonnement expérimental (LTE). Collection documents de l´ Institut Freinet. N° 1. Unveröffentliches Manuskript, Vence 1966. Wiederveröffentlicht: L´ Educateur de travail et de recherches. Supplément périodique, April/1976, 37 - 78

MFS

Freinet, C.: Die moderne französische Schule (MFS), übers. u. besorgt v. Jörg, H., Paderborn 1979

OPI

Freinet, C.: Oeuvres pédagogiques. Tome I (OPI), hrsg. v. Freinet, M., eingeführt v. Bens, J., Lonrai: Editions du Seuil 1994

OPII

Freinet, C.: Oeuvres pédagogiques. Tome II (OPII), hrsg. v. Freinet, M., Lonrai: Editions du Seuil 1994

PWI

Freinet, C.: Pädagogische Werke. Teil 1 (PWI), hrsg. v. Jörg, H., unter Mitw. v. Zillgen, H., Paderborn 1998

PWII

Freinet, C.: Pädagogische Werke. Teil 2 (PWII), hrsg. v. Jörg, H., unter Mitw. v. Zillgen, H., Paderborn 2000

Verlag: BoD • Books on Demand GmbH, In de Tarpen 42, 22848 Norderstedt
Druck: Libri Plureos GmbH, Friedensallee 273, 22763 Hamburg
ISBN: 978-3-7597-6909-1